作りおき&帰って10分おかず336

倉橋利江

Contents

Part.1 肉のおかず

豚薄切り肉

豚バラ薄切り肉

豚こま切れ肉

豚厚切り肉

牛こま切れ肉

牛薄切り肉

鶏ひき肉

豚ひき肉

合いびき肉

ベーコン

ハム

column_01
ラクうま豆腐&納豆レシピ

お役立ち memo ❶

Part.2

魚介のおかず

Column_02
絶品♡アボカドレシピ

お役立ち memo ❷
すぐでき！晩ごはんの味方 袋づめ味つけ冷凍

Part.3 ごはん・めん

ごはん

パスタ

Column_03
超かんたん！ おつまみレシピ

Part.4 野菜のおかず

にんじん

ブロッコリー

ピーマン・パプリカ

ミニトマト・トマト

Column_04

漬けるとおいしい！野菜のミニおかず

卵・豆製品のおかず

卵

水煮・蒸し大豆

ミックスビーンズ・枝豆

厚揚げ

油揚げ

column_05

栄養たっぷり！乾物レシピ

Part.6

煮込み・スープ

煮込み・スープ

スープ・みそ汁

column_06

お手軽スイーツレシピ！

もう疲れない！
あわてない！
作りおき＆帰って10分おかずで
休日も平日もゆったり＆ハッピー！
Aさんの休日
よしっ 買い物に いこう!!
オレも いくよ
重っ こんなに いるの？
作りおき するんだから いるのーっ
ズッシリ
えっと 必要なものは…
牛乳
卵
お肉
お魚
野菜
それなら…
鮭の切り身を4つ
はいよ
じゃがいもに～
これも
まだあるの？
あとはねー
さーて作るかっ
煮物
炒め物
これも洗っておいて
洗っても洗っても終わらない…
カー
カー
せっかくの週末もっとほかのことがしたーいっ
オレも…
もう陽がしずんじゃった～っ
Bさんの平日
ガタン
ゴトン
今日何作ろう…
よしっ スーパーに いくよっ
ガシッ
△△スーパー
ビュン
早っ
ニコニコほいくえん
また明日
ありがとうございました
ママ ごはんつくるからテレビみてまっててー
トントントン
わあああっ
遅いーっ おかし食べたい～っ
もうちょっとまって!!
ドタ
バタ
次はケチャップに…
ママーおなかすいたー
えーもうすぐできるからまっててー
あ～もうっ
イライライラ
ママのバカー
もっと余裕がほしい!!

解決編
もう悩まなくても大丈夫!!!
えっ!?
週末は3～4品も作れば十分
あとは足りない時だけパパっと作るのがいちばん効率的なんだ!!
そうなの?教えて～っ
Aさんの次の週末…
今週はこれだけの買い物で大丈夫なの?
うん この本によるとそれで大丈夫みたい…
たったこれだけ?
鶏つくねハンバーグ
鮭のカレー南蛮漬け
大根のだし煮
ほうれん草のおひたし
簡単!!
これ終わったら映画でもみようよ
いいね!!
そして平日…
今日は作りおきの鮭をメインにして副菜を一品作ろうかな…
パカッ
大根が残ってるし大根とツナのサラダに決定!
この本があれば作りおきおかずも帰って10分おかずも自由自在!!冷蔵庫にある材料も上手に使いきれるね!!
帰宅後のBさん…
えっとあたためる分
ピッピッ
ママーきいてー
なーに?
あのね
ピー
あっできた
わーい
おいしいね
うん!!ママ大好き!!
5分で完成!!!
スル スル
おいしーい

休日はゆる作りおき！
平日はかんたん調理だけ！

休日に作るのはこれだけ！

休日は肉や魚介、野菜のおかずを4～5品作りおき。平日は電子レンジやフライパンでパパッと作れるおかずをプラス。これだけで毎日の献立作りがぐっとラクに、効率的になりますよ！

冷凍

P.60 鮭のみそヨーグルト漬け焼き

オリーブオイルでおいしさ長持ち！

P.114 小松菜のダブルチーズサラダ

豚トンカツ用肉を5分煮るだけ！

P.38 フライパンチャーシュー

寿司酢と水に漬けるだけ！

P.108 ミニトマトとうずら卵のピクルス

時間があればプラスαで！

P.150 大豆とウインナーのコンソメ煮

ラックラク！１週間の献立イメージ！

	主菜	副菜
月曜日	作りおき P.38 フライパンチャーシュー 	作りおき P.114 小松菜のダブルチーズサラダ 
火曜日	帰ってから作る P.93 アボカドサーモン丼  切ってのせるだけ！	作りおき P.108 ミニトマトとうずら卵のピクルス 
水曜日	作りおき P.38 フライパンチャーシュー 	帰ってから作る P.115 小松菜の焼き肉たれ炒め  焼き肉のたれで炒めて完了！
木曜日	帰ってから作る P.45 焼きしゃぶのポン酢がけ  フライパンでさっと焼くだけ！	作りおき P.108 ミニトマトとうずら卵のピクルス 
金曜日	作りおき P.60 鮭のみそヨーグルト漬け焼き 	帰ってから作る P.123 なすとひき肉のレンチン炒め  レンチンでボリュームたっぷり！

野菜も〝作りおき〟おいしく

例えばキャベツを１個買ってきたら…

お値打ちなときにまとめて買ってきた野菜。でも使いきれずに腐らせてしまうこともあるのでは？ 休日と平日とで発想を変えて使い分けると、無駄にすることなく上手に使いきれます。

まるごと１個をひたすら作りおき！
疲れるしもう飽きた…

いつか使おうと思ってストックしていたら
冷蔵庫で腐っていた…

＋〝かんたん調理〟で使いきる！

好きなものを１～２品作りおく

½ 個

P.124 キャベツとベーコンのスープ煮

½ 個

P.124 コールスロー

平日

スピード調理で上手に使いきる！

¼ 個

P.125 やみつきキャベツ

¼ 個

P.125 焼きキャベツの温泉卵のせ

常備したい食材&調味料

肉加工品

ベーコン、ハム、生ハム、ウインナーは、メインおかずにも味だしにもなる万能食材。

魚介缶詰

ツナ油漬け缶、鮭水煮缶、さば水煮&みそ煮缶など。手軽に魚介を食べたいときに。

ちりめんじゃこ・しらす

適度な塩けがあり、野菜や豆製品と合わせるとおいしさアップにつながります!

甘塩たらこ・辛子明太子

冷凍ができて調味料代わりになります。肉や野菜と合わせれば、うまみたっぷりのおかずが完成!

かに風味かまぼこ・ちくわ・かまぼこ

そのままでもおかずやおつまみになり、炒め物や煮物に加えれば、コク深い味わいに。

厚揚げ・さつま揚げ

コクも食べごたえもあり、肉や野菜と組み合わせるとかんたんにボリュームおかずに!

水煮&蒸し大豆

水でもどす必要がなく、煮る、炒める、サラダなどにアレンジしやすいです。

うずら卵水煮

冷蔵庫で保存がききます。ピクルスにすると食感が変化して楽しいです。

コーン（ドライパック）

甘みがあり、彩りアップにもなります。買いおくなら日持ちするドライパックか冷凍がおすすめ。

トマト水煮缶

トマト煮やパスタソースを作るときに使います。カットタイプが便利。

めんつゆ

作りおきや時短調理を手助けする調味料。本書でも煮物、炒め物、あえ物などに活用しています。

ポン酢しょうゆ

そのままかけてもさっぱりとおいしく、漬けだれやマリネ、サラダなどにも使えます。

焼き肉のたれ

炒め物や漬けだれに使うと、かんたんにパンチのある味わいになり、食欲をそそります。

オイスターソース

かきのうまみで味がピタリと決まります。ほとんどの食材と相性も抜群です。

塩麹

肉や魚、野菜を漬け込むとうまみが増したり、やわらかくなったりする魔法の調味料です。

作りおきおかずの保存と温めのコツ

保存アイテム

作りおくおかずは、種類によって保存アイテムを使い分けましょう。

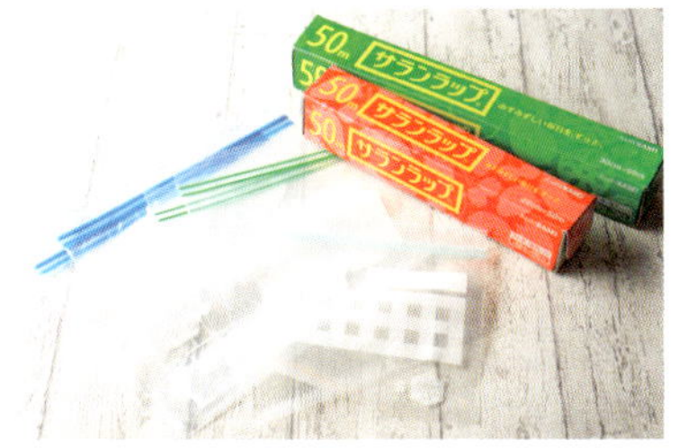

◯保存容器

保冷効果にすぐれるホーロー容器、レンジ加熱可能のプラスティック製容器など。**サイズ違いで、しっかりと密閉できるふたつきのタイプ**がおすすめです。

◯ラップ・チャックつき保存袋

ラップは**おかずやごはんを包んだり、乾燥を防ぐために使います**。保存袋は汁けのあるおかずや漬け物などを入れ、**冷蔵も冷凍もできるタイプ**だと◎。

冷凍保存の方法

温めムラをなくすためのいくつかのポイントがあります。

◯汁けのあるものは保存袋

汁けのあるおかずを冷凍する場合は、冷凍も解凍もスムーズにできるように、**保存袋に入れて平らにし、しっかりと密閉します。**

◯ごはんものも平らに

ごはんものも粗熱がとれたら、**1回分ずつ小分けにして、なるべく平らにならしてから**ラップで包んで冷凍保存して。

◯お弁当用には おかずカップを活用

作りおいたおかずをお弁当につめるなら、**おかずカップに入れてバットにのせ、ラップをかけて**冷凍保存しましょう。

温め・解凍の方法

できたてのようにおいしく食べるための温め・解凍のコツをご紹介します。

◯ レンジ加熱

冷蔵保存の場合、**基本はレンジ加熱します。冷凍保存の場合、レンジの解凍メニューで解凍してから温めてください。**耐熱性の保存容器ごと加熱する場合はふたをずらしてのせるか、ラップをかけて。保存袋ごと加熱する場合は、袋の口を少し開けて蒸気を逃がしてください。

◯冷たいおかずは、水にひたして自然解凍

サラダ、マリネ、あえ物などを冷凍をした場合は、冷蔵庫で自然解凍するか、**水の張ったボウルに保存袋ごとひたしましょう。**食材から余分な水分が出にくく、おいしく解凍できます。

◯揚げ物はレンジ+トースター

揚げ物はレンジ加熱だけだと、衣がベタッとしておいしさが半減。**レンジ加熱してからオーブントースターで軽く加熱する**と、カリッとした食感が味わえます。

この本の使い方

調理のコツ

素材別に「おいしく作りおくコツ」、「手早く作れるコツ」を記載しています。参考にしてください。

4色別のタグ

「かんたん」「冷凍にぴったり」「フライパン」「レンチン！」「トースター！」「サラダ&マリネ」「超スピード」「ボリューム」「ひと鍋パスタ」など、作りたいおかずを料理の内容や調理法などで検索できるようにしています。

冷蔵・冷凍保存期間の表示

作りおきおかずの冷蔵または冷凍保存できる日数です。冷蔵・冷凍に向いていないおかずには「NG」としています。

アレンジ

食材替えやリメイク方法などを記載しています。

調理時間

帰ってから作るおかずの調理時間の目安です。

この本のきまりごと

*大さじ1＝15mℓ、小さじ1＝5mℓ、1カップ＝200mℓ、1合＝180mℓです。ひとつまみは親指、人さし指、中指の3本でつまんだ分量で小さじ1/6～1/5程度、少々は親指、人さし指2本でつまんだ分量で、小さじ1/6未満です。

*特に記載がない場合は、しょうゆは濃口しょうゆ、塩は自然塩、砂糖はきび砂糖（上白糖でも可）、酒は純米酒、みりんは本みりん、酢は米酢、みそは信州みそ、めんつゆは3倍濃縮、オリーブオイルはエクストラバージンオイル、バターは有塩バター、生クリームは動物性で乳脂肪分45％のもの、マヨネーズは普通のものを使用しています。

*だし汁は昆布、かつお節、煮干しなどでとったものです。市販のインスタントだしを表示通りに溶かしたものや、だしパックでも代用できます。

*野菜類で特に記載がない場合は、洗う、皮をむく、へたと種を除くなどの下処理をすませてからの手順で説明しています。

*火加減で特に記載がない場合は中火ですが、様子をみながら調整してください。

*電子レンジの加熱時間は600Wで算出しています。500Wの場合はその1.2倍、700Wの場合はその0.8倍で加減してください。

*電子レンジで解凍する場合は、解凍機能を使うか、100～200Wに設定し、短めの加熱時間で解凍するようにしてください。

*魚焼きグリルは両面焼きを使用しています。

*電子レンジ、オーブントースター、魚焼きグリルは機種によって加熱具合が異なる場合がありますので、様子をみながら調理してください。

*表示の冷蔵、冷凍の保存期間はあくまでも目安です。季節やご家庭の保存状況によって異なりますのでご注意ください。電子レンジで温め直したり、解凍する場合は、耐熱容器やラップなどを使って様子をみながら行ってください。

ガッツリ食べられて心も体も大満足！

Part.1
肉のおかず

ストックしておきたい「サラダチキン」「ポテト肉巻き」「ドライカレー」から、帰ってからパパッと作れる「豚こましそから揚げ」「レンジ肉じゃが」「ハンバーグ」など、みんなが大好きな肉のおかずを集めました。どれもうまみも食べごたえもバッチリです。

鶏もも肉

おいしく作りおくコツ！

鶏もも肉は、**トマトなどの水分のある野菜と一緒にレンチン**するとふっくらやわらかな食感に。から揚げは**マヨネーズの下味**でかんたん&ふんわり！

鍋で煮込んだような奥深い味わいです。

鶏肉のトマト煮

材料（4人分）

鶏もも肉…大1枚

玉ねぎ（みじん切り）…½個
にんにく（みじん切り）…½かけ
塩、こしょう…各少々
薄力粉…小さじ2
オリーブオイル…大さじ1

A
トマト水煮缶（カットタイプ）…1缶（400g）
粉チーズ…大さじ1
顆粒コンソメスープの素…小さじ1
砂糖…小さじ⅔
塩…小さじ½

作り方

1 鶏肉は余分な脂肪を除き、ひと口大に切って塩、こしょうをふり、薄力粉をまぶす。

2 耐熱容器に玉ねぎ、にんにく、オリーブオイルを入れ、ふんわりとラップをかけて電子レンジで2分加熱する。

3 2にA、鶏肉を加えて混ぜ、ふんわりとラップをかけて電子レンジで7分加熱する。よく混ぜてそのまま2分蒸らす。お好みでドライバジルをふる。

たれをからめればおいしさ倍増！

から揚げのポン酢ねぎだれ

材料（4人分）

鶏もも肉…大2枚

A
マヨネーズ…大さじ1
塩、こしょう…各少々

B
片栗粉…大さじ3
薄力粉…大さじ2

揚げ油…適量

C
ポン酢しょうゆ…大さじ6
砂糖…小さじ1と½
小ねぎ（小口切り）…6本

作り方

1 鶏肉は余分な脂肪を除いてひと口大に切り、Aをもみ込み、混ぜ合わせたBをまぶす。170℃の揚げ油に半量ずつ入れ、4～5分揚げて油をよくきる。

2 耐熱容器に小ねぎ以外のCの材料を入れ、ラップをかけずに電子レンジで20秒加熱し、小ねぎを加える。

3 1が熱いうちに2に加えてなじませる。

☑ 手早く作れるコツ！

鶏もも肉は、**皮に3～4か所薄めの、肉の部分に2～3か所深めの切り込みを入れておく**と、フライパンで焼く時間を短くできます。照り焼きは**たれに片栗粉を加えて**、短時間でしっかり味に。

平日は

帰ってから作る

バターじょうゆ味が食欲をそそります。

パリパリチキンステーキ

材料（2人分）

鶏もも肉…大1枚
ミニトマト…6個
塩、こしょう、薄力粉…各少々
オリーブオイル…大さじ⅔
バター…15g
しょうゆ…小さじ2

作り方

1. 鶏肉は余分な脂肪を除いて半分に切り、包丁で皮と肉の表面に切り込みを入れる。塩、こしょうをふり、薄力粉をまぶす。
2. フライパンにオリーブオイルを中火で熱し、鶏肉の皮目からへらで押さえながら2～3分焼く。裏返してふたをし、弱めの中火で3～4分焼き、焼き終わり1分前にミニトマトも加えて焼く。
3. 2にバター、しょうゆを加えて全体にからめる。器に盛り、お好みでちぎったパセリをちらす。

レンチンとは思えないほどジューシー！

鶏肉の照り焼き丼

材料（2人分）

鶏もも肉…大1枚
塩、こしょう…各少々
A しょうゆ…大さじ2と½
　砂糖…大さじ2
　酒…大さじ1と½
　片栗粉…小さじ1と⅓
温かいごはん…丼2杯分
レタス（せん切り）…½個
マヨネーズ…適量

作り方

1. 鶏肉は余分な脂肪を除き、包丁で皮と肉の表面に切り込みを入れ、塩、こしょうをふる。
2. 耐熱ボウルにAをよく混ぜ合わせ、1の皮目を下にして入れる。ふんわりとラップをかけて電子レンジで3分30秒加熱する。上下を返して3分加熱し、たれをからませてそのまま1分蒸らす。
3. 丼にごはんをよそい、レタス、食べやすい大きさに切った2をのせ、マヨネーズを絞る。

鶏もも肉

おいしく作りおくコツ！

作りおくなら**甘辛炒め煮やクリーム煮などのしっかりした味つけ**がおすすめ。クリーム煮にすることで、冷凍してもしっとりした食感をキープできます。

休日は

作りおき

かんたん

少ない材料でおふくろの味が完成。

鶏肉とごぼうの甘辛炒め煮

材料（4人分）

鶏もも肉 … 大2枚
ごぼう（8mmの厚さの斜め切り）… 1本
サラダ油 … 大さじ1

A
だし汁 … 1と½カップ
酒、砂糖、しょうゆ … 各大さじ2

作り方

1 鶏肉は余分な脂肪を除き、大きめのひと口大に切る。

2 フライパンにサラダ油を熱し、鶏肉の皮目を下にして強めの中火で2分焼き、焼き色がついたら、裏返して1分焼く。ごぼうを加えて炒め合わせ、全体に油が回ったら、Aを加えてふたをして煮汁が少なくなるまで10分ほど煮る。

3 ふたを取り、全体にフライパンをゆすりながらからめる。

少量のしょうゆを加えると味がワンランクアップ！

鶏肉とほうれん草のクリーム煮

材料（4人分）

鶏もも肉 … 大2枚
玉ねぎ（薄切り）… ½個
ほうれん草 … ½束
塩 … 小さじ¼
こしょう … 少々
薄力粉 … 大さじ2
バター … 15g
酒 … 大さじ2

A
生クリーム（乳脂肪分45%）、水 … 各½カップ
顆粒コンソメスープの素 … 小さじ1
しょうゆ … 小さじ½

塩、こしょう … 各少々

作り方

1 鶏肉は余分な脂肪を除いて半分に切り、包丁で皮と肉の表面に切り込みを入れる。塩、こしょうをふり、薄力粉をまぶす。ほうれん草は水にくぐらせてラップで包み、電子レンジで1分加熱する。冷水にさらして水けを絞り、4cm長さに切る。

2 フライパンにバター10gを中火で熱し、鶏肉を皮目から2分焼く。焼き色がついたら裏返して2分焼き、鶏肉の横で玉ねぎを炒める。

3 全体に油が回ったら酒をふり、A、残りのバターを加えて弱めの中火で5～6分煮る。ほうれん草を加えてさっと煮て、塩、こしょうで味をととのえる。

手早く作れるコツ！

鶏もも肉をスピード調理する際は、**小さめのひと口大に切って**手早く火を通します。**ケチャップや塩麹などの万能調味料**を使うと、お手軽な上に味がピタリと決まります。

平日は

帰ってから作る

子どもが好きな鉄板の組み合わせ！

ケチャップカレーチキン

材料（２人分）

鶏もも肉 … 大１枚
コーン（ドライパック）… 大さじ２
塩、こしょう、薄力粉 … 各少々
バター … 10g

A
トマトケチャップ … 大さじ２
酒 … 大さじ１
カレー粉 … 小さじ１

作り方

1. 鶏肉は余分な脂肪を除いてひと口大に切り、塩、こしょうをふり、薄力粉をまぶす。
2. フライパンにバターを中火で熱し、1の両面を３分ずつ焼く。コーン、混ぜ合わせたAを加えて炒め合わせる。器に盛り、お好みでサニーレタスを添える。

アレンジ
鶏肉の代わりにかじき２切れをひと口大に切って炒めてもおいしい！

塩麹なら短時間でやわらかい食感に。

塩麹チーズチキン

材料（２人分）

鶏もも肉 … 大１枚
塩麹 … 大さじ２
溶けるチーズ … 30g
粗びき黒こしょう … 適量

作り方

1. 鶏肉は余分な脂肪を除いてひと口大に切り、塩麹をよくもみ込み、３分おく。
2. 耐熱皿に1をのせてふんわりとラップをかけ、電子レンジで２分30秒加熱し、上下を返して２分加熱する。溶けるチーズをのせ、粗びき黒こしょうをふり、ラップをかけずに１分加熱する。

鶏むね肉

☑ おいしく作りおくコツ！

鶏むね肉は**マリネにするとパサつかずしっとり！**サラダチキンは冷凍向きで、解凍するだけでメインおかずにもサラダにもなる頼れるメニューです。

休日は

作りおき

かんたん

しょうがをきかせてさっぱりと日持ちよく。

鶏肉とにんじんのしょうがマリネ

冷蔵3〜4日
冷凍2週間

材料（4人分）

鶏むね肉…大2枚

にんじん（せん切り）…1本
オリーブオイル…小さじ1
塩、こしょう…各少々
薄力粉…適量
サラダ油…大さじ1

A
酢…大さじ4
オリーブオイル…大さじ3
しょうが（すりおろし）…1かけ
砂糖、しょうゆ…各小さじ1
塩…小さじ1/3

作り方

1 耐熱容器ににんじん、オリーブオイルを入れ、ふんわりとラップをかけて電子レンジで2分加熱する。熱いうちにAを混ぜ合わせる。

2 鶏肉は皮を除き、ひと口大のそぎ切りにする。塩、こしょうをもみ込んで薄力粉を薄くまぶす。

3 フライパンにサラダ油を熱し、2の両面を3分ずつ焼く。熱いうちに1に加えてなじませ、冷蔵庫で2時間以上おく。

ダイエットにもおすすめ！

冷凍にぴったり

砂糖をもみ込むとしっとりとした口当たりに。

サラダチキン

冷蔵4〜5日
冷凍3週間

材料（作りやすい分量）

鶏むね肉…大3枚

A
砂糖、酒
…大さじ3
塩…小さじ1と1/2
こしょう…少々

アレンジ
細くさいてすりごまとマヨネーズとあえてもおいしい！

作り方

1 鶏肉は厚みを包丁で開き、フォークで全体に穴をあける。耐熱製のポリ袋1枚に鶏肉1枚ずつ入れ、混ぜ合わせたAを1/3量ずつを加えてよくもみ込み、10分おく。余分な空気を抜いて袋の口を閉じる。

2 大きめの鍋に皿を入れて鍋の半量ぐらいの湯を沸かす。沸騰したら1を入れ、ぶくぶく沸く程度の火加減で20分ほど加熱する。火を止めてそのまま冷ます。

☑ 手早く作れるコツ！

鶏むね肉を**炒めるときは、細切りにすると断然スピーディー。レンチンする場合は肉を縦半分に切ってから加熱し**、コク深い味つけにするとおいしさもランクアップ！

平日は

帰ってから作る

魔法の合わせ調味料でこってりうまうま！

鶏肉とアスパラのオイマヨ炒め

フライパン

材料（2人分）

鶏むね肉…大1枚
アスパラガス…3～4本
にんにく…½かけ
塩、こしょう…各少々
サラダ油…大さじ1

A
マヨネーズ…大さじ1と½
オイスターソース、酒
…各大さじ1

粗びき黒こしょう…適量

作り方

1 鶏肉は7～8㎜厚さのそぎ切りにしてから細切りにし、塩、こしょうをふる。アスパラガスは根元を切り落とし、皮のかたい部分をピーラーでむき、4㎝長さの斜め切りにする。にんにくはみじん切りにする。

2 フライパンにサラダ油、にんにくを中火で熱し、香りが出たら鶏肉をほぐしながら2分炒める。肉の色が変わってきたら、アスパラガスを加えて2分炒め、混ぜ合わせたA、粗びき黒こしょうを加えて全体にからめる。

8分でできる

ねぎたっぷりの中華だれと相性抜群。

よだれ鶏

レンチン！

材料（2人分）

鶏むね肉…大1枚

A
酒…大さじ1
鶏ガラスープの素
…小さじ1と½
こしょう…少々

B
長ねぎ（みじん切り）…½本
鶏肉の蒸し汁、いりごま（白）
…各大さじ2
ごま油…大さじ1と½
酢…大さじ1
砂糖…小さじ2

作り方

1 鶏肉は皮を除き、包丁で縦半分に切ってフォークで全体に穴をあける。

2 耐熱容器に1を入れ、全体にAをなじませる。ふんわりとラップをかけて電子レンジで3分加熱し、上下を返して2分加熱してそのまま冷ます。

3 冷ましている間にBを混ぜ合わせてたれを作る。2を食べやすい厚さに切って器に盛り、たれをかける。

10分でできる

鶏ささみ

☑ おいしく作りおくコツ！

鶏ささみは**ケチャップやマヨネーズをからめて保存する**とパサつかず、しっとり感をキープ。**まるごと揚げてもジューシーさ**が続きます。

休日は

作りおき

かんたん

冷蔵 3～4日
冷凍 2週間

お弁当にもぴったりなコクうまおかず！

ささみのオイケチャップ炒め

材料（4人分）

鶏ささみ（筋なし）… 4本

しめじ（石づきを除いてほぐす）… 1袋
塩、こしょう、薄力粉 … 各少々
サラダ油 … 大さじ1

A
トマトケチャップ、オイスターソース … 各大さじ1と½
酒 … 大さじ1
鶏ガラスープの素 … 小さじ½

作り方

1 鶏ささみはひと口大のそぎ切りにし、塩、こしょうをふり、薄力粉をまぶす。

2 フライパンにサラダ油を熱し、1を炒める。肉の色が変わってきたら、しめじを加え、全体に火が通ったら、混ぜ合わせたAを加えて炒め合わせる。

冷凍にぴったり

冷蔵 3～4日
冷凍 2週間

温め直しはレンジ＋トースターでカリッと！

ささみのチーズパン粉焼き

材料（6本分）

鶏ささみ（筋なし）… 6本

塩、こしょう … 各少々
水溶き薄力粉
薄力粉 … 大さじ4
水 … 大さじ3

A
パン粉 … 大さじ6
粉チーズ … 大さじ3
ドライバジル … 大さじ1

サラダ油 … 大さじ3

作り方

1 鶏ささみは塩、こしょうをふり、水溶き薄力粉を全体にからめて混ぜ合わせたAをまぶしつける。

2 フライパンにサラダ油を中火で熱し、1の両面が色づくまで3～4分ずつ揚げ焼きにし、油をよくきる。

アレンジ
生鮭やかじきにチーズパン粉をまぶして揚げ焼きにしても◎。

☑ 手早く作れるコツ！

スピード調理のコツは２つ。**そぎ切りにして片栗粉をまぶしてゆでると**、やわらかくてつるつるの食感に！ **レンチンしてから粗熱がとれるまで蒸らすと**、ふっくら仕上がります。

＼平日は／

帰ってから作る

あっさりしているので遅い晩ごはんにも GOOD！

つるつるゆでささみ

材料（2人分）

鶏ささみ（筋なし）… 3 本

片栗粉、しょうゆ、練りわさび … 各適量

作り方

1. 鶏ささみはひと口大のそぎ切りにし、片栗粉をまぶす。
2. 深めのフライパンに湯を沸かし、沸騰したら 1 を 2 ～ 3 回に分けて入れ、3 ～ 4 分ゆでる。冷水にとり、水けをよくきる。
3. 器に 2 を盛り、わさびじょうゆをつけて食べる。

アレンジ

冷やしそうめんに

トッピングするのもオススメ！

フライパン

8分でできる

梅マヨのコクのあるやさしい酸味が◎。

蒸しささみの梅マヨあえ

材料（2人分）

鶏ささみ（筋なし）… 3 本

酒 … 大さじ 1

塩、こしょう … 各適量

A | 梅干し（種を除いてたたく）… 1 個
  | マヨネーズ … 大さじ 1

焼きのり（全形）… ½ 枚

作り方

1. 耐熱皿に鶏ささみを入れて酒、塩、こしょうをふり、ふんわりとラップをかけて電子レンジで 2 分加熱する。上下を返して 1 分 30 秒加熱し、粗熱がとれたら細かくさく。
2. 1 に A を加えてあえて器に盛り、ちぎった焼きのりをのせる。

おつまみにもなる！

レンチン！

7分でできる

鶏手羽中

☑ おいしく作りおくコツ！

鶏手羽中は**水から弱火の中火で15分ほど煮る**と、冷めてもやわらかい口当たりが楽しめます。煮すぎるとかたくなるので気をつけて。

＼休日は／

作りおき

冷蔵 3～4日
冷凍 2週間

かんたん

コラーゲンたっぷりの美肌おかず。

手羽中と白菜の中華スープ煮

材料（4人分）

鶏手羽中…16本
白菜（大きめのざく切り）…¼株
水…1と½カップ

A
- 酒…大さじ2
- 鶏ガラスープの素、しょうゆ…各小さじ2
- 塩、こしょう…各少々

ごま油…小さじ1

作り方

1. 鶏手羽中は水けをふき、骨にそって1本切り込みを入れる。
2. 深めのフライパンに鶏手羽中、水を入れて火にかけ、煮立ったらアクを取り、ふたをして弱めの中火で10～12分煮る。白菜、Aを加えてふたをして弱めの中火で3分煮て、ごま油を加えてひと煮して火を止める。

身離れがよく、食べやすい！

冷凍にぴったり

冷蔵 4～5日
冷凍 2週間

冷凍してもパサつかず、しっとり感をキープ。

タンドリーチキン

材料（4人分）

鶏手羽中…16本

A
- プレーンヨーグルト…1カップ
- トマトケチャップ…大さじ3
- にんにく（すりおろし）…½かけ
- はちみつ…大さじ⅔
- カレー粉…小さじ2
- ウスターソース…小さじ1
- 塩…小さじ½
- こしょう…少々

作り方

1. 鶏手羽中は水けをふき、骨にそって1本切り込みを入れる。
2. 保存袋にAをよく混ぜ合わせ、1を加えてよくもみ混ぜ、冷蔵庫でひと晩漬ける。
3. 魚焼きグリル（両面焼き）で2を8～10分焼く（途中焦げそうな場合はアルミホイルをかぶせる）。

☑ 手早く作れるコツ!

鶏手羽中は**骨にそって切り込みを入れてから調理すると火の通りが早く**、「骨の近くが生だった!」という失敗もありません。時間がない日にも使ってみてください。

＼平日は／

帰ってから作る

香ばしく焼くだけでおいしさが増します。

手羽中のうま塩焼き

フライパン

10分でできる

材料(2人分)

鶏手羽中 … 10本

A
- 酒 … 小さじ2
- 鶏ガラスープの素、ごま油… 各小さじ1
- 塩、こしょう … 各適量

サダラ油 … 大さじ1

作り方

1. 鶏手羽中は水けをふき、骨にそって1本切り込みを入れ、Aをよくもみ込む。
2. フライパンにサラダ油を熱し、1の両面を3～4分ずつ焼く。器に盛り、お好みでレモンを添える。

アレンジ
合わせ調味料にゆずこしょう小さじ1/4を足してピリ辛味に。

濃いめのたれをしっかりからませるのがコツ。

手羽中のオイスター照り焼き

レンチン!

7分でできる

材料(2人分)

鶏手羽中 … 10本

A
- オイスターソース、酒 … 各大さじ1と½
- 砂糖…小さじ2
- しょうゆ、酢、片栗粉 …各小さじ1

いりごま(白)… 大さじ1

作り方

1. 鶏手羽中は水けをふき、骨にそって1本切り込みを入れる。
2. 耐熱ボウルにAを入れてよく混ぜ合わせ、1を加えてよくなじませる。ふんわりとラップをかけて電子レンジで2分30秒加熱する。上下を返して2分30秒加熱し、たれをからめる。ごまを混ぜて器に盛り、お好みで七味唐辛子をふる。

鶏手羽先

おいしく作りおくコツ！

鶏手羽先は、**酢を使って弱火で煮る**とやわらかくなり、日持ちがアップ。焼いて保存するなら、**焼肉のたれを活用すると**、おいしさが長持ちします。

休日は

作りおき

かんたん

煮る前に手羽先に焼き色をつけると味わいアップ！

手羽先の酢煮

材料（4人分）

鶏手羽先…12本

サラダ油…大さじ1

A
- 酢…½カップ
- 水…¾カップ
- しょうゆ、酒…各¼カップ
- 砂糖…大さじ3
- みりん…大さじ1
- しょうが（薄切り）…3枚

作り方

1. 鶏手羽先は水けをふき、表面にフォークで穴をあけ、裏側の骨にそって1本切り込みを入れる。
2. 深めのフライパンにサラダ油を中火で熱し、1の両面に焼き色をつける。Aを加えて中火にかけ、煮立ったらアクを除き、落としぶたをして途中1回上下を返して弱火で20分ほど煮る。

冷凍にぴったり

冷蔵 4〜5日
冷凍 2 週間

温め直してもおいしく、おつまみにもぴったり！

手羽先のバーベキュー焼き

材料（4人分）

鶏手羽先…12本

A
- 焼き肉のたれ…¾カップ
- 玉ねぎ（すりおろし）…¼個
- トマトケチャップ、レモン汁、はちみつ…各大さじ1

作り方

1. 鶏手羽先は水けをふき、表面はフォークで穴をあけ、裏側の骨にそって1本切り込みを入れる。保存袋に移し、Aを加えてもみ混ぜ、冷蔵庫でひと晩以上おく。
2. 魚焼きグリル（両面焼き）で1を10〜12分焼く（途中焦げそうな場合はアルミホイルをかぶせる）。

☑ **手早く作れるコツ！**

揚げ焼きは**衣にコンソメの素を入れる**と、短時間でしっかり味に仕上がります。レンチン調理は**塩麹を使えば**すぐに味がしみ込むうえ、肉もやわらかくなって一石二鳥！

平日は

帰ってから作る

下味は手羽先にすり込むようにもみ込んで。

手羽先のコンソメ揚げ

材料（2人分）

鶏手羽先…6本

A
- 酒…大さじ1
- 顆粒コンソメスープの素…小さじ2
- 塩…小さじ¼
- 粗びき黒こしょう…適量

片栗粉…大さじ3
揚げ油…適量

作り方

1. 鶏手羽先は水けをふき、表と裏側の骨にそって1本切り込みを入れる。
2. ポリ袋に1、Aを入れてもみ込み、片栗粉をまぶす。
3. 170～180℃の揚げ油で、2を7～8分揚げ、油をよくきる。

プルンとした口当たりはやみつきです。

手羽先のねぎ塩麹蒸し

材料（2人分）

鶏手羽先…6本

長ねぎ…1本

A
- 塩麹…大さじ2
- 酒…大さじ1
- しょうが汁、しょうゆ、ごま油…各小さじ1

作り方

1. 鶏手羽先は水けをふき、裏側の骨にそって1本切り込みを入れ、表面にフォークで穴をあける。耐熱容器に入れてAをまぶす。
2. 長ねぎは斜め薄切りにする。
3. 1に2をのせてふんわりとラップをかけ、電子レンジで4分加熱する。上下を返し、同様に電子レンジで3分加熱し、そのまま2分おく。

豚薄切り肉

休日は

作りおき

☑ おいしく作りおくコツ！

豚薄切り肉はやわらかな食感をキープする調理法がコツ。**肉巻きは一風変わった冷凍フライドポテトを巻く**とふわふわ食感になります。

かんたん

冷蔵 3〜4日
冷凍 2週間

豚肉はぷくぷく沸く程度の湯で火を通すとしっとり！

豚しゃぶの南蛮漬け

材料（4人分）

豚ロースしゃぶしゃぶ用肉 … 300g

長ねぎ（斜め薄切り）… 1本

A
- だし汁 … 1カップ
- 酢 … 大さじ3
- 砂糖、しょうゆ、すりごま（白）… 各大さじ2

作り方

1 鍋に A を入れてひと煮立ちさせる。火を止め、長ねぎに加える。

2 鍋に湯を沸かし、ぷくぷく沸く程度になったら豚肉を入れ、色が変わるまで塩ゆで（分量外）し、ざるにあげる。1 に加えてなじませ、冷蔵庫で2時間以上おく。

冷凍にぴったり

冷蔵 4〜5日
冷凍 2週間

人気の甘辛味がごはんにも合って大満足！

ポテトの肉巻き

材料（4人分）

豚肩ロース薄切り肉 … 12枚

冷凍フライドポテト（ストレートカットタイプ）… 36本

塩、こしょう … 各少々

薄力粉 … 適量

サラダ油 … 大さじ1

A
- しょうゆ … 大さじ2
- 酒、砂糖、みりん … 各大さじ1

作り方

1 豚肉は塩、こしょうをふり、豚肉1枚にフライドポテト3本ずつのせてしっかり巻き、全体に薄力粉をまぶす。全部で12本作る。

2 フライパンにサラダ油を中火で熱し、1 の巻き終わりを下にして入れる。転がしながら焼き、全体に焼き色がついたら、余分な脂をふき、混ぜ合わせた A を加えて全体に煮からめる。

☑ 手早く作れるコツ！

「お湯を沸かす時間すら待てない!」そんなときは、**豚薄切り肉をゆでずにレンチン**すればおいしいしゃぶしゃぶができます。味つけも市販のごまドレッシングを使ってかんたんに。

＼平日は／

帰ってから作る

明太子ソースをぬってカリッと焼きます。

豚肉の明太はさみ焼き

フライパン

8分でできる

材料（2人分）

豚肩ロース薄切り肉 … 6枚

塩、こしょう … 各少々

A
- 辛子明太子（身をこそげ出す）… 1/3腹（30g）
- 卵黄 … 1個分
- しょうゆ … 小さじ1

薄力粉 … 適量

サラダ油、酒 … 各大さじ1

作り方

1. 豚肉に塩、こしょうをふる。Aは混ぜ合わせる。
2. 豚肉2枚それぞれにAを¼量ずつぬり、豚肉2枚それぞれを重ねる。さらにAを¼量ずつぬり、残りの豚肉2枚それぞれを重ねて手で押さえ、薄力粉を薄くまぶす。
3. フライパンにサラダ油を中火で熱し、1を2分ほど焼く。焼き色がついたら裏返して酒をふり、ふたをして2～3分焼く。器に盛り、お好みでサラダ菜を添える。

豚肉はくっつかないように広げて加熱して。

レンジ豚しゃぶ

火を使わないからラク！

レンチン！

8分でできる

材料（2人分）

豚ロースしゃぶしゃぶ用肉 … 180g

絹ごし豆腐 … ½丁（150g）

水菜 … 2株

しめじ … 1パック

塩、こしょう … 各少々

酒 … 大さじ1

ごまドレッシング（市販）… 適量

作り方

1. 豚肉に塩、こしょう、酒をからめておく。豆腐は水けをふいて4等分に切る。水菜は3cm長さに切り、しめじは石づきを除いてほぐす。
2. 耐熱皿に水菜、しめじ、豆腐を順にのせ、豚肉を広げてのせる。ふんわりとラップをかけて電子レンジで5分加熱する。汁けをきって器に盛り、ごまドレッシングをかける。

豚薄切り肉

✓ おいしく作りおくコツ！

「パサパサのお肉は NO！」という方は、**豚薄切り肉をギュッと丸めてから焼いて煮ると、肉の水分が逃げないので**作りおいてもジューシー。

＼休日は／

作りおき

☀ かんたん

うまみのあるのり佃煮が味の決めてです。

アスパラの肉巻き

材料（4人分）

豚ロース薄切り肉…12枚

アスパラガス…6本

A | のり佃煮…大さじ2
　| しょうゆ…小さじ2

塩、こしょう、薄力粉…各少々

サラダ油、酒…各大さじ1

作り方

1 アスパラガスは根元を切り落とし、皮のかたい部分をピーラーでむき、長さを半分に切る。

2 豚肉の手前半分に混ぜ合わせたAをぬり、1をのせてきつく巻く。全部で12本作り、塩、こしょうをふり、薄力粉をまぶす。

3 フライパンにサラダ油を熱し、1の巻き終わりを下にして入れ、転がしながら2分焼く。全体に焼き色がついたら、酒をふり、ふたをして2～3分焼く。

冷めてもやわらかく、とろとろのあんにマッチ！

豚しゃぶボールの甘酢あん

材料（15個分）

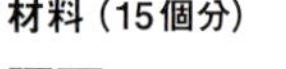

豚肩ロース しゃぶしゃぶ用肉…400g

塩…小さじ¼

こしょう…少々

薄力粉…適量

サラダ油…大さじ1

A | 水…¼カップ
　| 酢、しょうゆ…各大さじ2
　| 砂糖…大さじ1と½
　| 酒…大さじ1
　| 鶏ガラスープの素…小さじ½

いりごま（白）…大さじ1と½

水溶き片栗粉
　| 片栗粉…小さじ1
　| 水…大さじ1

作り方

1 豚肉に塩、こしょうをもみ込み、15等分のボール状にギュッと丸め、薄力粉を薄くまぶす。

2 フライパンにサラダ油を弱めの中火で熱し、1をときどき転がしながら3～4分焼いて表面に焼き色をつける。

3 2の余分な脂をふき、混ぜ合わせたAを加えてふたをして3～4分煮る。ごまを加え、水溶き片栗粉でとろみをつける。

☑ 手早く作れるコツ！

お買い得日に買って冷凍しておきたい豚薄切り肉。**ねぎ塩だれに3分漬けて炒めたり、お値打ちの豆苗を巻いてレンチンしたり**…。スピード調理にぴったりの食材です。

平日は

帰ってから作る

パパッと作れてごはんとぴったり！

豚肉のねぎ塩炒め丼

フライパン

8分でできる

材料（2人分）

豚肩ロース薄切り肉…180g

豆もやし…½袋（100g）

A 長ねぎ（みじん切り）…½本
にんにく（みじん切り）…½かけ
ごま油…大さじ2
鶏ガラスープの素…小さじ1
塩…小さじ½
こしょう…少々

酒…大さじ1

温かいごはん…茶碗2杯分

作り方

1 豚肉は3等分に切り、混ぜ合わせたAに3分漬ける。

2 フライパンを中火で熱して1を炒め、肉の色が変わったら、豆もやし、酒を加えてふたをする。弱めの中火で2分蒸し焼きにし、全体を混ぜ合わせる。

3 器にごはんをよそい、2をのせる。

アレンジ
豚薄切り肉を牛こま切れ肉にチェンジしてもうまうま！。

かつお節をたっぷりのせると味わいがアップ。

豆苗の豚しゃぶ巻き

栄養もバッチリ！

レンチン！

7分でできる

材料（2人分）

豚ロースしゃぶしゃぶ用肉…200g

豆苗…1パック

塩、こしょう…各少々

酒…大さじ1

かつお節…1パック（3g）

A しょうゆ…大さじ1と½
ごま油…大さじ½

作り方

1 豆苗は根元を切り落として8等分にし、豚肉2枚できつく巻いて耐熱容器に並べる。全部で8本作る。

2 1に塩、こしょう、酒をふり、かつお節をのせる。ふんわりとラップをかけて電子レンジで3分加熱し、そのまま1分蒸らす。汁けをきって器に盛り、混ぜ合わせたAをかける。

豚バラ薄切り肉

休日は 作りおき

おいしく作りおくコツ！

脂の多い豚バラ肉は、**みそやバターじょうゆなどのしっかりめの味つけでコーティングする**のが保存のポイント。冷めてもコクがあるのでお弁当にも◎。

かんたん

冷蔵 4～5日
冷凍 2週間

しょうが焼きにみそを足してガッツリ味に。

豚肉のみそしょうが焼き

材料（4人分）

豚バラ薄切り肉 … 300g

塩、こしょう … 各少々

サラダ油 … 大さじ1

A
- しょうが（すりおろし）… 1かけ
- みそ … 大さじ1と½
- 酒、みりん … 各大さじ1
- しょうゆ … 大さじ½

作り方

1. 豚肉は3等分に切り、塩、こしょうをふる。
2. フライパンにサラダ油を中火で熱し、1をよく焼く。余分な脂をふき、混ぜ合わせたAを加え、全体にからめる。

アレンジ
塩もみしたキャベツ、マヨネーズと一緒に食パンにはさんでもおいしい。

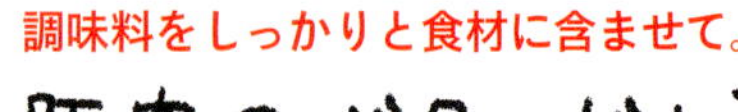

冷蔵 4～5日
冷凍 2週間

調味料をしっかりと食材に含ませて。

豚肉のバターじょうゆ炒め煮

材料（4人分）

豚バラ薄切り肉 … 300g

まいたけ（石づきを除いてほぐす）… 1パック

玉ねぎ（薄切り）… ½個

バター … 10g

A
- 水 … ½カップ
- しょうゆ … 大さじ1と½
- 酒 … 大さじ1
- 顆粒和風だしの素 … 小さじ1
- 砂糖 … ひとつまみ

作り方

1. 豚肉は3cm幅に切る。
2. フライパンにバターを中火で熱し、豚肉を炒める。肉の色が変わってきたら、玉ねぎ、まいたけを加え、炒め合わせる。
3. 野菜が少ししんなりしてきたらAを加え、汁けがほとんどなくなるまで炒め煮にする。

☑ 手早く作れるコツ！

豚バラ肉は野菜との相性抜群！１品で大満足おかずが作れます。**フライパン蒸しはキャベツを手でちぎるだけなので包丁いらず。なすの豚バラ巻きもポン酢でレンチンすればOK。**

＼平日は／

帰ってから作る

後片づけもラクラク！

フライパン

あっという間に作れて野菜もたっぷり！

豚肉とキャベツのフライパン蒸し

10分でできる

材料（２人分）

豚バラ薄切り肉…200g
キャベツ…¼個
ミニトマト…６個
水…¼カップ
塩…小さじ¼
粗びき黒こしょう…適量

A
マヨネーズ…大さじ３
牛乳…大さじ２
にんにく（すりおろし）…少々

作り方

1 フライパンにキャベツを手でちぎって入れ、豚肉もちぎってキャベツの間に埋め込む。ミニトマトは彩りよく並べる。

2 1に水を注いで塩、粗びき黒こしょうをふり、ふたをして６～７分蒸し焼きにする。混ぜ合わせたAをつけて食べる。

レンチン！

なすに豚バラを巻いてコクとうまみを移します。

なすの豚バラ巻き

12分でできる

材料（２人分）

豚バラ薄切り肉…８枚
なす…２本
塩、こしょう…各少々
サラダ油…大さじ½

A
ポン酢しょうゆ…大さじ３と½
ごま油…大さじ１
砂糖…小さじ２
顆粒和風だしの素…小さじ½

小ねぎ（小口切り）…適量

作り方

1 なすは縦４等分に切り、皮目に３か所斜めの切り込みを入れる。塩、こしょう、サラダ油を全体にまぶし、豚肉１枚ずつを巻きつける。

2 耐熱皿に間隔を空けて1を並べ、混ぜ合わせたAをまわしかける。ふんわりとラップをかけて電子レンジで５分加熱する。上下を返して４分加熱し、そのまま１分蒸らす。

3 器に2を盛り、小ねぎを散らす。

豚こま切れ肉

☑ おいしく作りおくコツ！

豚こま切れ肉を**丸めて作ったクリーム煮**は、**食べごたえがありながらも食感はやわらかく、**時間がたっても口当たりが good！

休日は

作りおき

かんたん

たっぷりのしょうがを加えればおいしさも長持ち。

豚肉のしぐれ煮

冷蔵 4～5 日
冷凍 2 週間

材料（4人分）

豚こま切れ肉 … 400g

しょうが（せん切り）… 2 かけ

A
- 酒、しょうゆ … 各大さじ 3
- 砂糖 … 大さじ 2
- みりん … 大さじ 1

作り方

1. 豚肉は食べやすい大きさに切る。
2. フライパンに A を合わせてから中火にかけ、煮立ったら 1、しょうがを加え、弱めの中火で煮汁が少なくなるまで煮る。

アレンジ
豚肉を牛肉に替えて定番のしぐれ煮にしてもOK！

冷凍にぴったり

ごはんにもパンにも合う濃厚なクリーム味です。

豚こまボールのクリーム煮

冷蔵 3～4 日
冷凍 2 週間

材料（16 個分）

豚こま切れ肉 … 400g

パプリカ（赤・小さめの乱切り）… ½ 個

A
- 塩 … 小さじ ¼
- こしょう … 少々

薄力粉 … 適量

サラダ油 … 大さじ 1

バター … 15g

薄力粉 … 大さじ 1

B
- 牛乳 … 1 カップ
- 水 … ½ カップ
- 顆粒コンソメスープの素 … 小さじ 1
- 塩 … 小さじ ¼
- こしょう … 少々

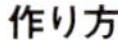

作り方

1. 豚肉に A をもみ込み、16 等分のボール状にギュッと丸め、薄力粉を薄くまぶす。
2. フライパンにサラダ油を弱めの中火で熱し、1 を並べる。ときどき転がしながら 3 ～ 4 分焼いて表面に焼き色つけ、一度取り出す。
3. 2 のフライパンの脂をふき、バターを弱めの中火で熱してパプリカを炒める。油が回ったら、薄力粉を加えて粉っぽさがなくなるまで炒める。B を加えてよく混ぜ、2 を戻し入れてふたをし、弱めの中火でときどき混ぜながら 3 ～ 4 分煮る。

☑ 手早く作れるコツ！

豚こま切れ肉のから揚げは少ない油で作るので後片づけもラクチン。**鶏肉のから揚げに比べて火の通りも早くて、やわらかくジューシーに仕上がります**。急いで作りたい日に！

平日は

帰ってから作る

青じそのさわやかな風味でパクパク食べられます。

豚こましそから揚げ

材料（２人分）

豚こま切れ肉 … 200g

青じそ … ６枚

A｜オイスターソース、レモン汁 … 各大さじ１
　｜塩、こしょう … 少々
　｜片栗粉 … 大さじ２と½

揚げ油 … 適量

作り方

1 青じそは手でちぎり、豚肉に A とともにもみ込む。ひと口大に平たくまとめる。

2 フライパンに深さ 2㎝ほど揚げ油を入れて 170℃に熱し、1 を２～３分揚げ、油をよくきる。器に盛り、お好みでキャベツのせん切りを添える。

ハイボールと一緒に！

フライパン

8分でできる

なんにも作りたくない日もこれならできそう！

豚こまと豆もやしのナムル風

材料（２人分）

豚こま切れ肉 … 150g

豆もやし … ½袋（100g）

A｜にんにく（すりおろし）… ½かけ
　｜ごま油、酒 … 各大さじ１
　｜顆粒中華スープの素 … 小さじ１と½
　｜しょうゆ … 小さじ１
　｜こしょう … 少々

作り方

1 豚肉は食べやすい大きさに切って耐熱ボウルに入れ、A をもみ込む。ふんわりとラップをかけて電子レンジで２分加熱し、よく混ぜる。

2 1 に豆もやしをのせ、ふんわりとラップをかけて電子レンジで３分加熱し、よく混ぜる。

レンチン！

6分でできる

豚厚切り肉

休日は

作りおき

おいしく作りおくコツ！

豚厚切り肉をおいしく作りおくには**しっかりした味つけにするのがコツ。チャーシューも豚みそもフライパン1つでOK。**冷めても口の中でほどけます。

かんたん

冷蔵5～6日
冷凍2週間

短時間加熱＆漬け込みでグッとやわらかい食感に。

フライパンチャーシュー

材料（4人分）

豚ローストンカツ用肉…4枚
塩、こしょう…各少々
サラダ油…大さじ1
酒…½カップ
水…½カップ
しょうが（薄切り）…3枚
A しょうゆ、オイスターソース…各大さじ2
砂糖、はちみつ…各大さじ1

作り方

1 豚肉は筋を切り、包丁の背でたたいて、塩、こしょうをふる。

2 フライパンにサラダ油を中火で熱し、1の両面を1分ずつ焼く。肉の色が変わったら余分な脂をふき、酒、水、しょうがを加えてふたをし、弱火で5分煮て豚肉を一度取り出す。

3 2のフライパンに混ぜ合わせたAを加え、強めの中火で3分煮る。煮汁にとろみがついてきたら、豚肉を戻し入れて弱めの中火で全体にからめる。火を止めて、そのまま冷ます。冷めたら食べやすい大きさのそぎ切りにして煮汁ごと保存する。

おにぎりの具にしても◎！

冷凍にぴったり

冷蔵5～6日
冷凍2週間

豚肉の脂をしっかりとふいてから調味料をなじませて。

豚みそ

材料（4人分）

豚ローストンカツ用肉…3枚
A みそ…大さじ3
酒、みりん…各大さじ2
砂糖…大さじ1
しょうゆ…小さじ1

作り方

1 豚肉は包丁の背でたたき、2cm角に切る。

2 フライパンにサラダ油を中火で熱し、1を4～5分炒める。余分な脂をふき、混ぜ合わせたAを加え、汁けがとぶまでよく炒めてからめる。

☑ 手早く作れるコツ！

ボリュームのある豚厚切り肉は、**筋を切って包丁の背で全体をたたいてからフライパンやレンジで加熱**しましょう。火の通りが早くなるうえに、やわらかく仕上がります。

平日は

帰ってから作る

甘酸っぱいソースがコクのある豚肉にマッチ！

ポークソテーレモンバターソース

フライパン

8分でできる

材料（2人分）

豚ローストンカツ用肉…2枚
塩、こしょう、薄力粉…各適量
サラダ油、酒…各大さじ1

A
バター…20g
はちみつ…小さじ½
レモン（輪切り）…2枚

作り方

1 豚肉は筋を切って包丁の背でたたき、強めに塩、こしょうをふり、薄力粉をふる。

2 フライパンにサラダ油を中火で熱し、1を2分焼く。焼き色がついたら、裏返して酒をふり、ふたをして弱めの中火で2～3分焼き、一度取り出す。

3 2のフライパンにAを加え、レモンがとろっとしてきたら、豚肉を戻し入れてフライパンをゆすりながらからめる。お好みでレタスを敷いた器に盛る。

野菜と豚肉は時間差で加熱するとちょうどよい歯ごたえに。

レンジ酢豚

レンチン！

11分でできる

材料（2人分）

豚ローストンカツ用肉…2枚
パプリカ（黄）…½個
玉ねぎ…½個
塩、こしょう…各少々
サラダ油…小さじ1

A
水、しょうゆ、酢、砂糖、トマトケチャップ…各大さじ1
片栗粉…小さじ1

作り方

1 豚肉は包丁の背でたたいて1cm角に切り、塩、こしょうをふる。パプリカは乱切り、玉ねぎはくし形切りにしてほぐす。Aは混ぜ合わせる。

2 耐熱ボウルに玉ねぎ、パプリカ、サラダ油を入れ、ふんわりとラップをかけて電子レンジで2分加熱し、混ぜる。

3 2に豚肉、Aを加え、ふんわりとラップをかけて電子レンジで4分加熱する。取り出して混ぜて3分加熱する。

牛こま切れ肉

✓ おいしく作りおくコツ！

牛こま切れ肉の**やわらかな食感を保つには、さっと煮る**のがおすすめ。丸めてミートボールにしてもふわふわ食感が楽しめます。

休日は

作りおき

かんたん

冷蔵4～5日
冷凍2週間

また食べたくなる元気が出る作りおき！

牛こまのカレーしょうゆ煮

材料（4人分）

牛こま切れ肉…300g

玉ねぎ（薄切り）…1個

サラダ油…大さじ1

A
- だし汁…1カップ
- しょうゆ…大さじ2
- 酒…大さじ1
- カレー粉…小さじ1
- 砂糖…ふたつまみ

作り方

1. フライパンにサラダ油を中火で熱し、牛肉を炒める。色が変わったら玉ねぎを加え、全体に油がなじむまで炒め合わせる。
2. 1にAを加えてよく混ぜ、弱めの中火で6分ほど煮る。

冷凍にぴったり

冷蔵3～4日
冷凍2週間

ほうれん草入りで栄養バランスも◎。

牛こまのチーズボール

材料（12個分）

牛こま切れ肉…300g

ほうれん草…3株

A
- 塩…小さじ¼
- こしょう…少々

薄力粉…適量

サラダ油…大さじ1

B
- 水…1カップ
- トマトケチャップ…大さじ2
- 砂糖、しょうゆ、片栗粉…各小さじ1

粉チーズ…大さじ1

作り方

1. ほうれん草は水にくぐらせ、ラップで包んで電子レンジで1分30秒加熱し、水にさらして水けを絞る。粗く刻んで牛肉、Aと混ぜ、12等分のボール状にギュッと丸め、薄力粉を薄くまぶす。
2. フライパンにサラダ油を弱めの中火で熱し、1をときどき転がしながら3～4分焼いて焼き色をつける。
3. 2に混ぜ合わせたBを加えてふたをし、弱火で4～5分煮る。粉チーズをからめ、火を止める。

☑ 手早く作れるコツ！

牛こま切れ肉も時短のために常備しておきたい食材。**レンジで作るかんたん肉じゃがは耐熱ボウル１つでできる**から、洗い物が少なくてラクチン。

平日は

帰ってから作る

とろっとしたトマトが牛肉にからんで美味！

牛肉のオイスターソース炒め

メイン食材はたった２つ！

フライパン

5分でできる

材料（２人分）

牛こま切れ肉 … 200g

トマト … １個

サラダ油 … 大さじ１

A | 酒、オイスターソース … 各大さじ１

塩、こしょう … 各適量

作り方

1. トマトは６～８等分のくし形切りにする。牛肉は食べやすい大きさに切る。
2. フライパンにサラダ油を中火で熱し、牛肉を炒める。肉の色が変わってきたら、トマトを加えて炒め合わせ、Ａを加えて全体にからめ、塩、こしょうで味をととのえる。

ホクホク＆しみしみに仕上がります。

レンジ肉じゃが

材料（２人分）

牛こま切れ肉 … 180 g

じゃがいも … ２個

玉ねぎ … ½ 個

にんじん … ½ 本

A | しょうゆ、砂糖 … 各大さじ２
酒 … 大さじ１
顆粒和風だし … 小さじ ½

作り方

1. じゃがいもは皮をむいて小さめの乱切りにし、水に２分さらす。にんじんは5㎜厚さの輪切り、玉ねぎは薄いくし形切りにしてほぐす。牛肉は食べやすい大きさに切る。
2. 耐熱ボウルに玉ねぎを入れ、牛肉を広げながらのせる。にんじん、じゃがいもの順にのせ、混ぜ合わせたＡをまわしかけ、ふんわりとラップをかけて電子レンジで６分加熱する。
3. ざっと混ぜ、同様に５分加熱して軽く混ぜる。

レンチン！

牛こま切れ肉

☑ **おいしく作りおくコツ！**

マリネにすると赤身の多い牛こま切れ肉でもしっとりおいしく食べられます。牛ごぼうは**しょうがをたっぷり加えて傷みにくく**仕上げましょう。

休日は

作りおき

かんたん

牛肉は塩ゆでするると余分な臭みが抜け、おいしさも長持ち。

牛肉の中華マリネ

材料（4人分）

牛こま切れ肉…300g
赤ピーマン（細切り）…2個

A
水…大さじ3
酢…大さじ2と1/2
ごま油、オイスターソース、しょうゆ、砂糖…各小さじ2
いりごま（白）…大さじ2

作り方

1. 牛肉は食べやすい大きさに切る。
2. 鍋にAを入れてひと煮立ちさせ、火を止め、赤ピーマンを加える。
3. 別の鍋に湯を沸かし、ぶくぶく沸く程度になったら牛肉を入れ、色が変わるまで塩ゆで（分量外）し、ざるにあげる。2に加えてなじませ、冷蔵庫で2時間以上おく。

冷凍にぴったり

汁けが少し残るくらいまでしっかりと煮含めて。

牛ごぼう

材料（4人分）

牛こま切れ肉…300g
ごぼう…1本
しょうが（せん切り）…大1かけ
サラダ油…大さじ1

A
だし汁…1カップ
しょうゆ…大さじ2と1/2
酒、砂糖…各大さじ2

作り方

1. ごぼうは皮をこそげて細めのささがきにし、水にさらす。牛肉は食べやすい大きさに切る。
2. フライパンにサラダ油を中火で熱し、しょうがを炒める。香りが出てきたら、牛肉、ごぼうを加え、肉の色が変わるまで2分炒める。
3. 2にAを加え、煮立ったらふたをして弱火でときどき混ぜながら7〜8分煮る。

アレンジ
溶きほぐした卵を加えて牛ごぼう卵とじにするのもおすすめ。

☑ **手早く作れるコツ！**

肉豆腐にする場合は、**焼き豆腐を使って！ 水きりなし**でおいしく作れるので時短調理にぴったりです。プルコギ風サラダは**焼き肉のたれとめんつゆ**で手間なしの味つけに。

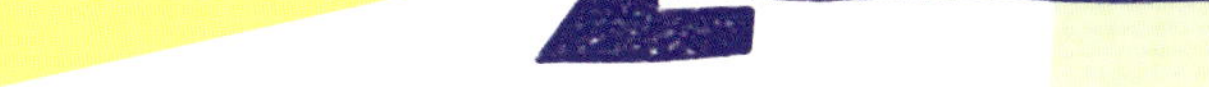

フレッシュな野菜と一緒に頬張って！

プルコギ風サラダ

フライパン

6分でできる

材料（2人分）

牛こま切れ肉 … 200g

サニーレタス … 3 枚
水菜 … 2 株
トマト … ½ 個
サラダ油 … 大さじ 1
塩、こしょう … 各適量

A
焼き肉のたれ … 大さじ 2
すりごま（白）… 大さじ 1
めんつゆ（3 倍濃縮）… 大さじ ½

作り方

1 サニーレタスは手でちぎり、水菜は 4cm長さに切り、トマトはくし形切りにし、器に盛り合わせる。

2 フライパンにサラダ油を熱し、牛肉に塩、こしょうをふって炒める。肉の色が変わったら、混ぜ合わせた A を加えて調味し、1 にのせる。

ささっと失敗なく作れるかんたんな煮物！

レンジ肉豆腐

レンチン！

10分でできる

材料（2人分）

牛こま切れ肉 … 150g

焼き豆腐 … 1 丁（150g）
小ねぎ … 6 本

A
しょうゆ … 大さじ 3
砂糖 … 大さじ 2 と ½
酒 … 大さじ 1
みりん … 大さじ ½
顆粒和風だしの素 … 小さじ 1

作り方

1 牛肉は食べやすい大きさに切る。焼き豆腐は 6 等分に切り、小ねぎは 4cm長さに切る。

2 耐熱ボウルに A と牛肉を入れて混ぜ、焼き豆腐、小ねぎをのせる。ふんわりとラップをかけて電子レンジで 5 分加熱する。取り出して全体を軽く混ぜ、2 分蒸らす。

牛薄切り肉

休日は

作りおき

☑ おいしく作りおくコツ！

しゃぶしゃぶ肉は**えのきだけと一緒に煮込むことで食感もやわらか**。肉巻きは、**冷凍しても食感が変わりにくいオクラを巻きます。**

かんたん

冷蔵 4～5日
冷凍 2週間

えのきだけを少し焼いてから煮るとうまみがアップ。

牛肉とえのきの塩煮

材料（4人分）

牛ももしゃぶしゃぶ用肉…300g

えのきだけ（根元を切り落として3等分に切る）…1袋

A
- だし汁…1と½カップ
- にんにく（薄切り）…1かけ
- 酒…大さじ1
- 塩…小さじ¼

作り方

1 フライパンにえのきだけを入れて焼き、焼き色が少しついたら、Aを加える。

2 煮立ったら牛肉を加え、煮汁が少し残る程度まで煮る。

冷凍にぴったり

冷蔵 3～4日
冷凍 2週間

とろ～りチーズと焼きのりがアクセント！

オクラのチーズ肉巻き

材料（4人分）

牛もも薄切り肉…8枚

オクラ…8本

スライスチーズ（半分に切る）…4枚

焼きのり（全形・1枚を4等分に切る）…2枚

塩、こしょう、薄力粉…各少々

サラダ油…大さじ1

酒…大さじ1

A
- しょうゆ、みりん…各大さじ1と½

作り方

1 オクラはがくを除き、塩（分量外）をふって板ずりをする。

2 牛肉に塩、こしょうをふり、焼きのり、スライスチーズ、1の順にのせてきつく巻き、薄力粉をまぶす。

3 フライパンにサラダ油を中火で熱し、2の巻き終わりを下にして入れ、転がしながら焼く。焼き色がついたら酒をふり、ふたをして3～4分蒸し焼きにする。混ぜ合わせたAを加え、全体にからめる。

☑ 手早く作れるコツ！

さっと火を通すだけで十分おいしい牛薄切り肉は、帰ってから作る素材として100点満点。**水菜とポン酢があればそれだけでごちそうに！**

平日は

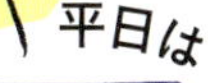

帰ってから作る

シンプルな味つけで牛肉のうまみを堪能して。

焼きしゃぶのポン酢がけ

材料（2人分）

牛ロース薄切り肉…200g

水菜…2株
塩、粗びき黒こしょう…各少々
サラダ油…大さじ½
A ポン酢しょうゆ…大さじ2
ごま油…小さじ1
砂糖…ふたつまみ

作り方

1 水菜は3cm長さに切り、水にさらして水けをきり、器に盛る。

2 牛肉は食べやすい大きさに切り、塩、粗びき黒こしょうをふる。フライパンにサラダ油を熱し、牛肉をさっと焼く。

3 1に2をのせ、混ぜ合わせたAをかける。

焼き肉のたれを活用。春雨をもどす必要もなし！

レンジチャプチェ

材料（4人分）

牛ロースしゃぶしゃぶ用肉…150g

春雨（乾燥・ショートタイプ）…30g
にんじん…⅓本
ピーマン…2個
A 焼き肉のたれ…大さじ3
水…大さじ2
すりごま（白）、ごま油…各大さじ1

作り方

1 にんじんとピーマンは太めのせん切り、牛肉は細切りにする。

2 耐熱ボウルに牛肉、Aを入れてよく混ぜ、ふんわりとラップをかけて電子レンジで2分30秒加熱する。

3 2ににんじん、ピーマン、水にさっとくぐらせた春雨をのせ、同様に2分30秒加熱し、よく混ぜてそのまま1分蒸らす。

鶏ひき肉

☑ **おいしく作りおくコツ！**

大定番のそぼろは、**めんつゆを使って**かんたん味つけで。ハンバーグは**豆腐を加えると**冷めてもふんわりとした口当たりに。

休日は

作りおき

かんたん

かき混ぜながら煮るとダマにならずしっとり。

鶏そぼろ

冷蔵 4～5日
冷凍 2週間

材料（4人分）

鶏ももひき肉 … 400g

A
- めんつゆ（3倍濃縮）… 大さじ4
- 水、しょうが汁 … 各大さじ1
- 砂糖 … 小さじ1

作り方

1 フライパンにひき肉、Aを入れて菜箸でよくかき混ぜる。中火にかけ、混ぜながら煮汁がほとんどなくなるまで5～6分煮る。

アレンジ

めんつゆ大さじ2、オイスターソース大さじ2にして中華風にしてもおいしい！

冷凍にぴったり

さわやかな青じそがおいしさアップの秘訣。

鶏つくねハンバーグ

冷蔵 4～5日
冷凍 2週間

材料（8個分）

鶏ももひき肉 … 400g

絹ごし豆腐 … 1丁（150g）

A
- 青じそ（せん切り）… 5枚
- しょうが汁、しょうゆ … 各小さじ1
- 塩 … 小さじ½
- こしょう … 少々

サラダ油 … 大さじ1

B
- しょうゆ … 大さじ2
- 酒、砂糖、みりん … 各大さじ1

作り方

1 豆腐はキッチンペーパーで包んで耐熱皿にのせ、電子レンジで2分加熱する。粗熱がとれたら、水けをきってボウルに入れ、手でくずす。

2 1にひき肉を加えて練り混ぜ、Aも加えてよく混ぜ、8等分の楕円形にまとめる。

3 フライパンにサラダ油を中火で熱し、2を2分焼く。焼き色がついたら裏返し、ふたをして弱めの中火で5～6分焼き、一度取り出す。フライパンの余分な脂をふき、混ぜ合わせたBを煮立てる。ハンバーグを戻し入れて全体にからめる。

☑ 手早く作れるコツ！

鶏もも肉ではなく、**鶏ひき肉を使った親子丼はいかが？　火の通りが断然に早い**うえ、すべてレンチンでOKなのでかんたん！　でも味わいは本格的な親子丼なのです。

平日は

帰ってから作る

ひき肉は細かく混ぜず、ゴロッと感が残るように！

ひき肉と小松菜のとろみ炒め

フライパン

材料（2人分）

鶏ももひき肉…200g
小松菜…½束
しょうが（みじん切り）…½かけ
ごま油…小さじ2

A
酒…大さじ2
鶏ガラスープの素…小さじ1
塩、こしょう…各少々

水溶き片栗粉
片栗粉…小さじ2
水…大さじ1

作り方

1. 小松菜は3cm長さに切る。
2. フライパンにごま油を熱し、しょうがを炒める。香りが出たらひき肉を炒め、色が変わったら、小松菜の茎、葉の順に炒め合わせる。
3. Aで味をととのえ、水溶き片栗粉でとろみをつける。

6分でできる

ふんわりしてコクうまのスピード丼。

ひき肉で親子丼

レンチン！

材料（2人分）

鶏ももひき肉…200g
長ねぎ…½本
卵…2個

A
しょうゆ…大さじ2
酒、砂糖、みりん…大さじ1
顆粒和風だしの素…小さじ1

温かいごはん…丼2杯分

作り方

1. 長ねぎは斜め薄切りにし、卵は溶きほぐす。
2. 耐熱ボウルにひき肉、Aを入れてよく混ぜる。長ねぎをのせてふんわりとラップをかけ、電子レンジで4分加熱する。もう一度よく混ぜ、溶き卵を加えて2分加熱する。
3. 丼にごはんをよそい、2をのせてお好みで三つ葉を飾る。

8分でできる

豚ひき肉

おいしく作りおくコツ！
豚ひき肉はお弁当の作りおきおかずとの相性が◎。しっかり味に仕上げます。**シュウマイは皮で包まないで、肉だねにのせるだけ**なのでラクラク。

休日は 作りおき

ほっとする冷めてもおいしい甘辛い味つけです。

豚ひきとれんこんの甘辛炒め

材料（4人分）

豚ひき肉 … 200g
れんこん … 2/3 節（200g）
ごま油 … 大さじ 1

A 酒、砂糖、しょうゆ、みりん … 各大さじ 1
七味唐辛子 … 適量

作り方

1. れんこんは皮をむいて小さめの乱切りにし、酢水（分量外）にさらして水けをきる。
2. フライパンにごま油を中火で熱し、れんこんを透き通るまで炒める。水大さじ 1（分量外）を加え、ふたをして 1 分 30 秒蒸し焼きにし、一度取り出す。
3. 2 にひき肉を加え、肉の色が変わったら、2 を戻し入れる。余分な脂をふき、混ぜ合わせた A を加えて 2 分ほど炒め合わせる。

蒸し器は必要なし！フライパンでかんたんに。

包まないシュウマイ

材料（15 個分）

豚ひき肉 … 300g
玉ねぎ（みじん切り）… 1/2 個
かに風味かまぼこ（1cm幅に切る）… 4 本
片栗粉 … 小さじ 2

A しょうが（すりおろし）… 1/2 かけ
ごま油、オイスターソース … 各小さじ 1
塩 … 小さじ 1/3
こしょう … 少々
シュウマイの皮 … 15 枚

作り方

1. 玉ねぎに片栗粉をまぶす。
2. ボウルにひき肉を入れ、粘りが出るまで混ぜ合わせる。1、かに風味かまぼこ、A を加えてよく混ぜる。
3. フライパンにクッキングペーパーを敷く。2 を 15 等分にして丸め、間隔をあけて並べる。それぞれにシュウマイの皮をのせて軽く押さえる。クッキングペーパーの下に水 1/2 カップ（分量外）を入れて強火にかける。煮立ったら、ふたをして弱火で 10 分ほど蒸す。お好みでしょうゆ、練り辛子をつけて食べる。

☑ 手早く作れるコツ！

とりあえず豚ひき肉があれば、時間がない日も大丈夫！ **ケチャップ&ソースで炒めてタコス風サラダに、レンチンでピリ辛あんを作り、豆腐にのせれば**、麻婆豆腐が完成します。

＼平日は／

帰ってから作る

肉も野菜もたっぷりでボリュームも満点！

タコス風サラダ

フライパン

6分でできる

材料（2人分）

豚ひき肉…150g
レタス…½個
トマト…1個
アボカド…1個
シュレッドチーズ（サラダ用）…30g
サラダ油…大さじ½

A
酒、中濃ソース、トマトケチャップ…各大さじ1
しょうゆ…小さじ2
カレー粉…小さじ½
塩、こしょう…各少々

作り方

1 レタスは手でちぎり、アボカドは縦半分に切り込みを入れて割り、種と皮を除き、トマトとともに1.5cm角に切る。
2 フライパンにサラダ油を中火で熱し、ひき肉を炒め、肉の色が変わってきたら、Aを加えて炒め合わせる。
3 器に1を盛り合わせ、2、シュレッドチーズをのせる。

麻婆あんはよく混ぜてとろとろに仕上げます。

レンジ麻婆あん豆腐

レンチン！

12分でできる

材料（2人分）

豚ひき肉…150g
木綿豆腐…1丁（300g）

A
長ねぎ（みじん切り）…½本
しょうが（みじん切り）…½かけ
しょうゆ…大さじ1と½
酒、みそ…各大さじ1
砂糖、ごま油…各小さじ2
豆板醤、片栗粉…各小さじ1
水…½カップ

作り方

1 豆腐は8等分に切り、キッチンペーパーを敷いた耐熱容器にのせ、ラップをかけずに電子レンジで3分加熱し、水分を捨てて器に盛る。
2 耐熱容器にAを混ぜ合わせ、ひき肉も加えてよく混ぜる。ふんわりとラップをかけて電子レンジで3分加熱する。よく混ぜて3分加熱し、1にかける。お好みで小ねぎを散らす。

合いびき肉

休日は

作りおき

✓ おいしく作りおくコツ！

合いびき肉は**温め直しや冷凍に強い食材**。ミニお好み焼きはレンチンしてもふわっとおいしい！ ドライカレーは水分が少ないので冷凍にぴったり。

☀ かんたん

冷蔵 3～4日
冷凍 2週間

塩もみキャベツを入れるのがコツ！

ひき肉のミニお好み焼き

材料（4人分）

合いびき肉 … 150g
キャベツ（粗みじん切り）… ¼ 個
塩 … 小さじ ½

A
お好み焼き粉 … 大さじ 4
顆粒和風だしの素 … 小さじ 1
卵 … 1 個
こしょう … 少々

サラダ油 … 大さじ 1
お好み焼き用ソース、
　マヨネーズ … 各適量

作り方

1 キャベツは塩をふって 5 分おき、よくもんで水けを絞る。

2 ボウルに A を混ぜ、ひき肉、1 を加えてよく混ぜる。

3 フライパンにサラダ油を中火で熱し、2 を ⅛ 量ずつ丸く平たくまとめて入れる。2 分焼いて焼き色がついたら裏返し、ふたをして弱火で 3 ～ 4 分焼く。食べるときにお好み焼き用ソース、マヨネーズをかける。

マイルドな辛さが後を引く

❄ 冷凍にぴったり

冷蔵 4～5日
冷凍 2週間

野菜はしっかりと炒めて甘みを引き出して。

ドライカレー

材料（4人分）

合いびき肉 … 300g
にんじん（みじん切り）… ½ 本
玉ねぎ（みじん切り）… 1 個
ピーマン（みじん切り）… 1 個
サラダ油 … 小さじ 2
カレールウ（中辛・細かく刻む）
　… 2 かけ

A
水 … ¼ カップ
酒、トマトケチャップ
　… 各大さじ 1
しょうゆ … 小さじ 2

作り方

1 フライパンにサラダ油を中火で熱し、にんじん、玉ねぎ、ピーマンを 2 ～ 3 分炒める。全体に透き通ってきたら、ひき肉を加えて色が変わるまで炒める。

2 1 にカレールウ、A を加え、ふたをして弱めの中火で水分が少なくなるまで 4 ～ 5 分煮る。

☑ 手早く作れるコツ！

玉ねぎなしでも、絶品ハンバーグは作れます！**マヨネーズ&塩、こしょうをぐるっと混ぜて焼くだけ**なのに、肉のうまみが凝縮されていてびっくりするほど美味。

＼平日は／

帰ってから作る

玉ねぎもパン粉も必要ナシ！

溢れる肉汁にうっとりしちゃう！

こねないハンバーグ

フライパン

10分でできる

材料（2人分）

合いびき肉 … 300g

A
- 塩 … 小さじ¼
- こしょう … 少々
- マヨネーズ … 大さじ1

サラダ油 … 大さじ⅔

B
- トマトケチャップ … 大さじ2と½
- ウスターソース、水 … 各大さじ1と½
- しょうゆ … 小さじ1

スライスチーズ … 1枚

作り方

1. ボウルにひき肉、Aを加えてざっと混ぜ、2等分の楕円形にまとめ、空気を抜きながら形を整える。
2. フライパンにサラダ油を中火で熱し、1を2分30秒焼く。裏返してふたをして弱火で6分30秒焼く。余分な脂をふき、混ぜ合わせたBを加えて少し煮立て、ハンバーグにからめる。
3. 2に半分に切ったスライスチーズをのせ、ふたをして1分蒸らす。器に盛り、お好みでベビーリーフを添える。

のっけ丼にするのもをおすすめ！

ひき肉と野菜のナンプラー炒め

レンチン！

8分でできる

材料（2人分）

合いびき肉 … 150g

にら … ½束

しめじ … 1袋

もやし … ½袋（100g）

A
- ナンプラー、酒 … 各大さじ1
- しょうゆ、ごま油、片栗粉 … 各小さじ1
- 砂糖 … 小さじ½
- こしょう … 少々

作り方

1. ボウルにAを合わせ、ひき肉を加えてよく混ぜる。ふんわりとラップをかけて電子レンジで2分加熱し、よく混ぜる
2. にらは4cm長さに切り、しめじは石づきを除いてほぐす。もやしはひげ根を除く。
3. 1に2をのせてふんわりとラップをかけ、電子レンジで4分加熱し、よく混ぜる。

ベーコン

☑ おいしく作りおくコツ！

ベーコンとひよこ豆のトマト煮は保存中も**ベーコンからうま味が出て**、おいしさアップ。パンにはさんで朝食やお弁当にも使えます。

休日は

作りおき

かんたん

冷蔵4~5日
冷凍2週間

塩麹を加えればまろやかさがアップ！

ベーコンとひよこ豆のトマト煮

材料（4人分）

スライスベーコン…5枚
ひよこ豆（ドライパック）…2パック
玉ねぎ（みじん切り）…½個
にんにく（みじん切り）…1かけ
オリーブオイル…大さじ1

A
トマト水煮（カットタイプ）…1缶（400g）
塩麹…大さじ1と½
砂糖…小さじ½
こしょう…少々

作り方

1 ベーコンは1cm幅に切る。

2 フライパンにオリーブオイルを弱めの中火で熱し、にんにくを炒める。香りが出てきたら玉ねぎを加えて透き通るまで2～3分炒める。

3 2に1を加えて2分ほど炒めたら、A、ひよこ豆を加え、ふたをして10分煮る。お好みでドライパセリをふる。

ハムカツ以上のおいしさ！

冷凍にぴったり

冷蔵3~4日
冷凍2週間

青じそ入りパン粉で香りよく揚げて。

厚切りベーコンカツ

材料（4人分）

ブロックベーコン…300g
粗びき黒こしょう、薄力粉、溶き卵…各適量

A
パン粉…1と½カップ
青じそ（粗みじん切り）…6枚

サラダ油…大さじ3

作り方

1 ベーコンは1cm厚さに切る。

2 1に粗びき黒こしょうをふり、薄力粉、溶き卵、混ぜ合わせたAの順につける。

3 フライパンにサラダ油を中火で熱し、2の両面を1～2分ずつ揚げ焼きにし、油をよくきる。

☑ 手早く作れるコツ！

冷蔵で日持ちするベーコンはもちろんスピード調理の強い味方。**ピーマンと炒めたり、余り野菜と一緒にレンチンしてバター蒸しにしたり**と、味つけの手間もいりません。

帰ってから作る

火の通りが早いベーコンでスピード中華！

ベーコンのチンジャオロースー

フライパン

材料（2人分）

ブロックベーコン …200g
ピーマン … 3 個
ごま油 … 大さじ ⅔
酒 … 大さじ 1

A
オイスターソース … 大さじ ½
顆粒中華スープの素 … 小さじ ½

塩、こしょう、砂糖 … 各少々

作り方

1. ベーコンは 4 ～ 5cm長さの棒状に切る。ピーマンは 8mm幅の細切りにする。
2. フライパンにごま油を中火で熱し、ベーコンを炒める。焼き色がついてきたら、ピーマンを加え、全体に油が回るまで炒める。
3. 2 に酒をふり、A を加えて炒め合わせ、塩、こしょう、砂糖で味をととのえる。

食材を切ってレンチンするだけ！

ベーコンとキャベツのバター蒸し

レンチン！

材料（2人分）

スライスベーコン … 3 枚
キャベツ … ¼ 個
コーン（ドライパック）… 大さじ 2

A
酒 … 大さじ 1
バター … 10g
塩、粗びき黒こしょう … 各少々

作り方

1. ベーコンは 1cm幅に切る。キャベツはざく切りにする。
2. 耐熱容器にキャベツ、ベーコン、コーンの順にのせる。A を加えてふんわりとラップをかけ、電子レンジで 4 分加熱し、あえる。

ハム

☑ おいしく作りおくコツ！

面倒なイメージの春巻きも、これなら作ってみたい！**「ハムとはんぺんの春巻き」は手軽にできてリピート必至のおいしさ**です。

休日は 作りおき

かんたん

冷蔵3〜4日
冷凍NG

ハムが多めで贅沢な定番マリネ。

ハムのマリネ

材料（4人分）

ハム…8枚

玉ねぎ（薄切り）…1個

A
- オリーブオイル …大さじ3
- 酢、レモン汁 …各大さじ1
- 塩…小さじ1/3
- こしょう…少々

作り方

1. 耐熱容器に玉ねぎを入れてふんわりとラップをかけ、電子レンジで1分加熱し、水に5分さらして水けを絞る。
2. ハムは6等分の放射状に切る。
3. 混ぜ合わせたAに1、2を加えてなじませ、冷蔵庫で3時間以上おく。

冷凍にぴったり

ふわふわで軽〜い口当たり！

ハムとはんぺんの春巻き

材料（8本分）

ハム…5枚

はんぺん…小2枚

冷凍枝豆（さやつき）…100g

A
- マヨネーズ、片栗粉 …大さじ1と1/2
- 薄力粉…小さじ4
- 塩…小さじ1/4
- こしょう…少々

春巻きの皮…8枚

揚げ油…適量

作り方

1. ハムは1.5cm四方に切る。枝豆は流水で解凍し、さやから実を取り出して薄皮をむく。
2. ボウルにはんぺんを入れて手でつぶし、Aを混ぜ合わせ、1も混ぜる。8等分にして春巻きの皮にのせて巻き、巻き終わりを水溶き薄力粉（分量外）で留める。全部で8本作る。
3. フライパンに深さ2cmほど揚げ油を入れて170℃に熱し、2が色づくまで2〜3分揚げ焼きにし、油をよくきる。

☑ **手早く作れるコツ！**

冷蔵庫にハムしかない！ そんなときでも短時間でボリュームおかずが完成します。**ハム３枚を重ねて卵液をからめて作るピカタ**は、ごはんにのせてもおいしい！

平日は

帰ってから作る

腹持ちがよく、晩ごはんの主役になります。

重ねハムのピカタ

材料（2人分）

ハム…６枚
スライスチーズ…２枚
青じそ…２枚

A
卵…１個
水…大さじ２
薄力粉…大さじ１と½
塩、こしょう…各少々

サラダ油…大さじ１

作り方

1. ハム１枚→スライスチーズ１枚→ハム１枚→青じそ１枚→ハム１枚の順に重ねる。全部で２個作る。
2. Aは混ぜ合わせ、1の全体につける。
3. フライパンにサラダ油を中火で熱し、2を入れる。余っている卵液も上からからめて両面を２～３分ずつ焼く。

かんたんなのにクセになるおいしさ。

ハムとじゃがいものコンソメ蒸し

材料（2人分）

ハム…４枚
じゃがいも…２個
玉ねぎ…½個

A
バター…10g
顆粒コンソメスープの素…小さじ１と½
塩、こしょう…各少々

作り方

1. じゃがいもは1cm厚さの輪切りにし、水に２分さらして水けをきる。玉ねぎは薄切り、ハムは４等分の放射状に切る。
2. 耐熱ボウルにじゃがいも、玉ねぎを入れ、ふんわりとラップをかけて電子レンジで４分加熱する。
3. 2をよく混ぜてハム、Aを加え、同様に１分加熱する。お好みでドライパセリをふる。

平日は

帰ってから作る

豆腐&ラクうま納豆レシピ

豆腐

さっぱり&クリーミー!

豆腐の豆乳がけ

材料(2人分)

絹ごし豆腐 … 小1丁(150g)
A 無調整豆乳 … 1/4~1/3カップ
ポン酢しょうゆ … 大さじ1
小ねぎ(小口切り) … 2~3本

作り方

1 豆腐は水けをきって器に盛り、混ぜ合わせたAをかけ、小ねぎをのせる。

とろりとしたチーズでうまうま!

チーズ温やっこ

材料(2人分)

絹ごし豆腐 … 小1丁(150g)
溶けるチーズ … 20g
めんつゆ(3倍濃縮) … 大さじ1/2
粗びき黒こしょう … 適量

作り方

1 豆腐は水けをきって耐熱容器にのせる。ラップをかけずに電子レンジで1分加熱する。
2 1に溶けるチーズをのせ、1分30秒加熱する。めんつゆをかけ、粗びき黒こしょうをふる。

たらこでもおいしくできます!

明太マヨ温やっこ

材料(2人分)

絹ごし豆腐 … 小1丁(150g)
A マヨネーズ … 大さじ1と1/2
辛子明太子(薄皮から身を出す) … 30g

作り方

1 豆腐は水けをきって耐熱容器にのせる。ラップをかけずに電子レンジで2分加熱する。
2 混ぜ合わせたAをかけ、お好みで貝割れ菜を添える。

栄養満点の豆腐や納豆は、すぐ食べたいときのお助け食材。
あと１品プラスしたいときにもおすすめです。

納豆

2分でできる

オリーブオイルとあえるのが新鮮！

納豆のクリームチーズあえ

材料（2人分）

納豆 … 2パック
クリームチーズ（個包装タイプ） … 2個
A
- オリーブオイル … 小さじ2
- しょうゆ … 小さじ½
- 塩 … 少々
- 粗びき黒こしょう … 適量

作り方

1. クリームチーズは1個を6等分に切る。
2. 納豆はよく混ぜ合わせ、1、Aとあえる。器に盛り、お好み貝割れ菜を添える。

ねっとりとしたいかと好相性！

いか刺しの納豆あえ

材料（2人分）

納豆 … 2パック
いかそうめん（刺身用） … 60g
青じそ（せん切り） … 5枚
A
- 納豆付属のたれ … 2袋
- ごま油 … 小さじ½

作り方

1. 納豆はよく混ぜ合わせ、いかそうめん、青じそ、Aを加えてあえる。

2分でできる

5分でできる

マヨネーズ入りで口当たりふんわり！

納豆オムレツ

材料（2人分）

納豆 … 1パック
卵 … 2個
小ねぎ（小口切り） … 3本
A
- マヨネーズ … 大さじ1
- 納豆付属のたれ … 1袋
- 塩、こしょう … 各少々

サラダ油 … 大さじ⅔

作り方

1. 納豆はよく混ぜ合わせておく。ボウルに卵を溶きほぐし、サラダ油以外の残りの材料をすべて入れて、よく混ぜる。
2. フライパンにサラダ油を熱し、1を流し入れ、大きく混ぜ合わせる。ふちが固まってきたら半分に折って形を整え、上下を返して色よく焼く。

お役立ち memo ❶

余らせがちな食材は冷凍保存で使いきり！

しょうが、にんにくなどの香味野菜、しらすやレモンなど、中途半端に余ったりしませんか？
でも冷凍保存すれば、おいしく長持ちさせることができ、無駄なく使いきれます。

しょうが（すりおろし）

しょうが大3個はすりおろし、保存袋になるべく平らな状態にして入れる。箸で筋をつけてから袋の空気を抜いて密閉し、冷凍する。使う分だけポキッと折り、そのまま炒め物やスープに。

しょうが（薄切り）

しょうが大1個は薄切りにし、保存袋になるべく重ならないように並べ入れる。袋の空気を抜いて密閉し、冷凍する。そのまま煮物やスープに。

にんにく

にんにく6かけはみじん切りにし、保存袋になるべく平らな状態にして入れる。袋の空気を抜いて密閉し、冷凍する。そのまま炒め物や煮物に。

小ねぎ

小ねぎ6〜7本は小口切りにし、保存袋になるべく平らな状態にして入れる。袋の空気を抜いて密閉し、冷凍する。そのまま煮物やスープに。

青じそ

青じそは洗って水けをふき、2〜3枚ずつ重ねてラップで包む。保存袋になるべく重ならないように入れ、袋の空気を抜いて密閉し、冷凍する。使う分だけ手でもみほぐし、スープやパスタのトッピングに。

しらす

しらす120gは保存袋になるべく平らな状態にして入れる。袋の空気を抜いて密閉し、冷凍する。そのまま食べる場合はさっと洗い、加熱する場合は冷凍のまま使う。ちりめんじゃこも同様に冷凍可。

レモン（輪切り）

レモン½個は輪切りにし、保存袋になるべく重ならないように並べ入れる。袋の空気を抜いて密閉し、冷凍する。そのまま肉や魚と一緒に焼いたり、ドリンクやお酒に加えても。

レモン（くし形切り）

レモン1個はくし形切りにし、保存袋になるべく重ならないように並べ入れる。袋の空気を抜いて密閉し、冷凍する。輪切りと同様にドリンクやお酒に、またはさっと洗って解凍し、絞ってレモン汁に。

「これなら作れそう!」なおかずが大集合!

Part.2
魚介のおかず

生鮭、かじき、ぶり、まぐろ、ツナ缶など
扱いやすい魚介や魚加工品を使った
ヘルシー&うまみたっぷりのメニューを厳選しました。
おいしく作りおく&手早く作れるコツを参考にすれば
今以上にお料理のレパートリーがグンと広がりますよ。

生鮭

☑ おいしく作りおくコツ！

生鮭の作りおきは、やわらかな食感を保ちたいもの。**みそヨーグルトで表面をコーティングする**と、作りおいてもしっとり&冷凍焼けの心配もなし！

休日は

かんたん

定番の作りおきをカレー粉でアレンジ。

鮭のカレー南蛮漬け

材料（4人分）

生鮭…4切れ
玉ねぎ（薄切り）…½個
ピーマン（薄切り）…2個
塩、こしょう、薄力粉
…各少々

A
だし汁…¾カップ
酢…大さじ3
砂糖、しょうゆ
…各大さじ2
カレー粉…小さじ½

サラダ油…大さじ3

作り方

1 鮭は塩（分量外）をふって10分おき、水けをふく。
2 鍋にAをひと煮立ちさせ、玉ねぎ、ピーマンを加えてなじませる。
3 1の骨を除いて3～4等分に切り、塩、こしょうをふって薄力粉をまぶす。フライパンにサラダ油を中火で熱し、鮭を3～4分揚げ焼きにする。油をよくきり、2に加えて冷蔵庫で2時間以上おく。

冷凍にぴったり

漬けて焼くだけだからラクチン！

鮭のみそヨーグルト漬け焼き

材料（4人分）

生鮭…4切れ

A
みそ、プレーンヨーグルト…各大さじ2
はちみつ…小さじ1

作り方

1 鮭は塩（分量外）をふって10分おき、水けをふく。
2 ラップに混ぜ合わせたAの半量をぬって1をのせ、残りのAをぬり、ラップでぴっちりと包み、冷蔵庫で半日以上おく。
3 2の漬けだれを軽くふき、魚焼きグリル（両面焼き）で7～8分焼く。

アレンジ
生鮭の代わりにかじき4切れを漬けてもOK！

☑ **手早く作れるコツ！**

特別な下処理がいらない生鮭は、時間がないときにもっと活用してほしい食材。**さばの代わりに鮭を使ったみそ煮**は、驚くほどかんたんなのにしみじみとほっとする味！

平日は

帰ってから作る

赤じそふりかけの酸味がソテーした鮭にマッチ。

鮭のムニエル赤じそバターソース

材料（2人分）

生鮭…2切れ
塩、こしょう、薄力粉…各少々
サラダ油…大さじ1

A
バター…20g
酒…大さじ2
赤じそふりかけ…小さじ1

温かいごはん…茶碗2杯分

作り方

1 鮭は水けをふいて塩、こしょうをふり、薄力粉をまぶす。

2 フライパンにサラダ油を中火で熱し、鮭を盛りつける側を下にして入れ、2分焼く。裏返してふたをして弱火で2分焼き、取り出す。

3 2のフライパンをふき、Aを煮立ててソースを作る。器にごはんをよそい、鮭をのせてソースをかける。お好みでベビーリーフ、レモンを添える。

レンチンなら煮くずれの心配がありません。

鮭とえのきのみそ煮

材料（2人分）

生鮭…2切れ
えのきだけ…1袋

A
水…1/3カップ
みそ…大さじ2
酒、砂糖、みりん…各大さじ1
しょうが（薄切り）…2枚

作り方

1 鮭は水けをふき、長さを半分に切る。えのきだけは石づきを除き、長さを半分に切り、ほぐす。

2 耐熱容器にえのきだけを敷いて鮭をのせ、混ぜ合わせたAをかける。ふんわりとラップをかけて電子レンジで4分加熱し、煮汁を回しかけて同様に2分加熱する。

甘塩鮭

☑ おいしく作りおくコツ！

お値打ちのときにまとめ買いしたい甘塩鮭。**「鮭たらこふりかけ」**や**「鮭の竜田揚げ」にして作りおいておく**と、お弁当に大活躍間違いなしです。

休日は 作りおき

のっけ丼にしても！

かんたん

冷蔵 4~5日
冷凍 2週間

鮭はゆでると臭みが抜けておいしさ長持ち！

鮭たらこふりかけ

材料（4人分）

甘塩鮭 …4切れ
甘塩たらこ …1腹
A | 酒 … 大さじ1
  | みりん … 小さじ1
  | 塩 … 少々
いりごま（白）… 大さじ1

作り方

1. 鮭は熱湯で4～5分ゆで、骨と皮を除いて粗くほぐす。たらこは薄皮から身をこそげ出す。
2. フライパンに油を引かずに鮭を1～2分炒める。余分な水分がとんだら、たらこを加えて1分炒め、Aで味をととのえ、ごまを加える。

冷凍にぴったり

青のりの風味でおいしさパワーアップ！

甘塩鮭の竜田揚げ

材料（4人分）

甘塩鮭 …4切れ
A | しょうが汁、酒… 各大さじ1
  | しょうゆ … 小さじ2
B | 片栗粉 … 大さじ3
  | 青のり粉 … 小さじ1
揚げ油 … 適量

作り方

1. 鮭は骨を取り除いて3等分に切り、Aに漬けて5分おく。
2. 1の汁けをきって混ぜ合わせたBをまぶす。
3. フライパンに深さ2cmほど揚げ油を入れ、170℃に熱して2を2～3分揚げ焼きにし、油をよくきる。

☑ 手早く作れるコツ！

「ただ焼くだけだともの足りない！」。そんなときは**きのこや野菜など、火の通りが早い素材を１つ組み合わせてみて**。ボリュームも出て、見た目にも華やかなおかずに変身します。

帰ってから作る

濃厚なチーズでお子さんでも好きな味に。

甘塩鮭とマッシュルームのチーズ焼き

フライパン

8分でできる

材料（2人分）

甘塩鮭…2切れ
マッシュルーム…4～5個
サラダ油…大さじ1
酒…大さじ1
溶けるチーズ…30g
粗びき黒こしょう…適量

作り方

1 鮭は水けをふき、マッシュルームは石づきを除いて半分に切る。

2 フライパンにサラダ油を中火で熱し、鮭の両面を2分ずつ焼く。空いているところで、マッシュルームも焼く。

3 酒をふり、鮭に溶けるチーズをのせてふたをする。1分ほど蒸らし、粗びき黒こしょうをふる。器に盛り、お好みでパセリを添える。

鮭はしっとり！チンゲン菜はシャキシャキ！

甘塩鮭とチンゲン菜の中華蒸し

レンチン！

7分でできる

材料（2人分）

甘塩鮭…2切れ
チンゲン菜…1株
酒…大さじ1
A しょうゆ、みりん…各大さじ1
　ごま油、鶏ガラスープの素…各小さじ1

作り方

1 鮭は水けをふいて半分に切り、酒をからめる。チンゲン菜はざく切りにする。

2 耐熱皿にチンゲン菜を広げて並べ、中央に鮭をおく。ふんわりとラップをかけて3分加熱し、混ぜ合わせたAを回しかけて同様に2分加熱する。

かじき

☑ おいしく作りおくコツ！

かじきは漬け汁に**しっかりと漬けて焼いたり、大根おろしを混ぜて煮たりする**ことで、時間がたっても臭みが全く気にならなくなります。

休日は

作りおき

かんたん

たっぷりの大根おろしでさっぱり！

かじきとエリンギのみぞれ煮

材料（4人分）

かじき … 3切れ
エリンギ … 2本
大根おろし … 1/3本分
塩、こしょう、薄力粉 … 各少々
サラダ油 … 大さじ1

A
だし汁 … 3/4カップ
しょうゆ、みりん … 各大さじ2
砂糖 … 大さじ1

粗びき黒こしょう … 少々

作り方

1. かじきは水けをふき、ひと口大に切って塩、こしょうをふり、薄力粉をまぶす。エリンギは縦半分に切ってから4等分に切る。
2. フライパンにサラダ油を中火で熱し、かじき、エリンギの順に焼く。かじきの両面に焼き色がついたら、一度取り出す。
3. 2のフライパンをさっと洗い、Aを入れて中火にかける。煮立ったら、2を戻し入れて弱めの中火で3〜4分煮る。軽く水けをきった大根おろし、粗びき黒こしょうを加えて2分煮る。

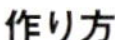

冷凍にぴったり

味がよくしみてほろっとやわらか。

かじきのみりんしょうゆ漬け焼き

材料（4人分）

かじき … 4切れ

A
しょうゆ、みりん … 各大さじ2
しょうが（薄切り）… 2枚

作り方

1. かじきは水けをふき、保存袋にAとともに入れ、冷蔵庫で半日以上おく。
2. 魚焼きグリル（両面焼き）で1を7〜8分焼く（途中焦げそうならアルミホイルをかぶせる）。

アレンジ
かじきの代わりにぶり4切れを漬けてもOK！

☑ **手早く作れるコツ！**

いろいろな食材との相性がいいかじき。**ベーコンやキムチなど冷蔵庫に常備している食材を使って**、スピーディーにボリュームおかずを作りましょう。

帰ってから作る

淡泊なかじきに濃厚ソースがぴったり！

かじきのベーコンクリームソテー

材料（2人分）

かじき…2切れ
スライスベーコン…2枚
塩、こしょう…各少々
薄力粉…大さじ1
サラダ油…大さじ1

A
酒…大さじ1
生クリーム（乳脂肪分45%）…½カップ
カレー粉…小さじ½
塩、こしょう…各少々

作り方

1 かじきは水けをふき、塩、こしょうをふって薄力粉をまぶす。ベーコンは1cm幅に切る。

2 フライパンにサラダ油を中火で熱し、かじきの両面を2～3分ずつ焼き、器に盛る。

3 2のフライパンでベーコンを1分炒め、Aを加えて煮立てる。塩、こしょう（各分量外）で味をととのえ、火を止める。かじきにかけ、お好みでパセリをちらす。

キムチを合わせて食欲をそそるひと皿に。

かじきのキムチ蒸し

材料（2人分）

かじき…2切れ
白菜キムチ…100g
塩、こしょう…各少々
酒…大さじ1
にら…⅓束

A
ごま油…大さじ1と½
しょうゆ…小さじ1
鶏ガラスープの素…小さじ½

作り方

1 かじきは水けをふいてひと口大に切り、塩、こしょう、酒をからめる。耐熱容器に入れ、ふんわりとラップをかけて電子レンジで2分加熱し、蒸し汁は捨てる。

2 白菜キムチは食べやすい大きさに、にらは3cm長さに切り、Aと混ぜ合わせる。

3 1に2を加えてざっと混ぜ、ふんわりとラップをかけて電子レンジで2分30秒加熱する。

たら

おいしく作りおくコツ！

たらをおいしく長持ちさせたいには、**ゆずこしょうやカレー粉で味つけ**して。独特のにおいも気にならず、食欲をそそる味に。

休日は 作りおき

かんたん

冷蔵 3〜4日
冷凍 2週間

たらに砂糖をふると独特なにおいがやわらぎます。

たらのゆずこしょう照り焼き

材料（4人分）

生たら … 4切れ
砂糖 … 大さじ2
薄力粉 … 大さじ2
サラダ油 … 大さじ1

A
しょうゆ … 大さじ2
酒、砂糖、みりん … 各大さじ1
ゆずこしょう … 小さじ½

作り方

1. たらは砂糖をふって10分おく。さっと洗って水けをふき、薄力粉をまぶす。
2. フライパンにサラダ油を中火で熱し、1を焼く。焼き色がついたら裏返し、ふたをして弱めの中火で2〜3分焼く。
3. 余分な脂をふき、混ぜ合わせたAを加えて全体にからめる。

冷凍にぴったり

冷蔵 3〜4日
冷凍 2週間

レンジで蒸してから味つけをするのがコツ。

たらカレーフレーク

材料（4人分）

生たら … 4切れ
砂糖 … 大さじ2
酒 … 大さじ1
しょうが（薄切り）… 2枚

A
めんつゆ（3倍濃縮）… 大さじ2
サラダ油 … 小さじ2
カレー粉 … 小さじ⅔
塩、こしょう … 各少々

作り方

1. たらは砂糖をふって10分おき、さっと洗って水けをふく。耐熱容器に入れて酒をふってしょうがをのせ、ふんわりとラップをかけ、電子レンジで4分加熱する。
2. 1の皮と骨を除き、身を粗くほぐす。
3. フライパンに2を入れて中火にかけ、水分がとんできたら、Aを加えて全体になじませる。

☑ **手早く作れるコツ！**

「時間がない！」「焦ってる！」。そんなときこそレンチンがおすすめ。たらの身はくずれやすいですが、**レンチンならふっくら仕上がって失敗しらず**です。

平日は

帰ってから作る

マヨと粉チーズの衣で香ばしく焼き上げて。

たらのマヨネーズパン粉焼き

フライパン

材料（2人分）

生たら…2切れ
塩、こしょう…各少々
マヨネーズ…大さじ1
A パン粉、粉チーズ…各大さじ2
ドライパセリ…小さじ½
オリーブオイル…大さじ1

作り方

1 たらはさっと洗って水けをふく。塩、こしょうをふり、マヨネーズをぬって A をまぶす。

2 フライパンにオリーブオイルを中火で熱し、1 を2～3分焼く。裏返して弱めの中火で2～3分焼く。

3 器に 2 を盛り、お好みでレモン、ミニトマトを添える。

10分でできる

鍋で煮るより、レンジで作るほうがラクチン！

たらとしいたけの煮つけ

レンチン！

材料（2人分）

生たら…2切れ
しいたけ…3枚
しょうが（薄切り）…2枚
A しょうゆ…大さじ2
酒、砂糖、みりん…各大さじ1

作り方

1 たらはさっと洗って水けをふく。しいたけは石づきを除き、半分に切る。

2 耐熱容器に 1、しょうがを入れる。混ぜ合わせた A をまわしかけ、ふんわりとラップをかけて電子レンジで3分加熱する。たらに煮汁をまわしかけ、同様に2分加熱する。

3 器に 2 を盛り、お好みで貝割れ菜を添える。

8分でできる

ぶり

☑ **おいしく作りおくコツ！**

作りおくなら風味豊かに仕上げるのがコツ。**塩麹とレモンに漬けてから焼く**と、臭みも気にならず、冷凍してもやわらか&おいしい。

休日は

作りおき

お弁当につめても喜ばれるはず。

ぶりの磯辺巻き

材料（4人分）

ぶり … 4切れ

A しょうゆ … 大さじ2
　酒、みりん … 各大さじ1

薄力粉 … 大さじ2

焼きのり（全形）… 1枚

サラダ油 … 大さじ1と½

作り方

1 ぶりは3〜4等分に切り、塩（分量外）をふって5分おき、水けをふく。焼きのりはぶりの個数に合わせて帯状に切る。

2 混ぜ合わせたAにぶりを10分漬ける。軽く汁けをふいて薄力粉をまぶし、焼きのりで巻く。

3 フライパンにサラダ油を中火で熱し、2の巻き終わりを下にして入れ、2分焼く。裏返して弱めの中火で3〜4分焼く。

脂がのったぶりのおいしさが倍増！

ぶりの塩麹レモン漬け焼き

材料（4人分）

ぶり … 4切れ

塩麹 … 大さじ3と½

レモン（輪切り）… 4枚

作り方

1 ぶりは塩（分量外）をふって5分おき、水けをふく。

2 保存袋に1、塩麹を入れてなじませ、レモンを加えて冷蔵庫でひと晩以上おく。

3 魚焼きグリル（両面焼き）で7〜8分焼く（途中焦げそうならアルミホイルをかぶせる）。

アレンジ
生鮭4切れや豚バラ薄切り肉300gにチェンジしてもgood！

手早く作れるコツ！

調理時間を短縮したいときは、**3等分〜ひと口大**に切りましょう。定番のぶり大根も、**大根を小さめの乱切り**にすれば、レンジで手早く作れます。味もしみしみでおいしい！

かんたんでごはんが進む味つけ！

ぶりとししとうのオイスターソース炒め

ツヤツヤで鬼うま！

フライパン

10分でできる

材料（2人分）

ぶり…2切れ
ししとう…½パック
塩、こしょう、
薄力粉…各少々
サラダ油…大さじ1

A
酒…大さじ2
オイスターソース…大さじ1
しょうゆ…小さじ1
砂糖…小さじ½

作り方

1 ぶりは塩（分量外）をふって5分おき、水けをふく。3等分に切り、塩、こしょうをふり、薄力粉をまぶす。ししとうはへたを除き、包丁で2〜3箇所切り込みを入れる。

2 フライパンにサラダ油を熱し、1のぶりを入れて両面を2分ずつ焼く。ぶりの横でししとうも焼く。

3 2に混ぜ合わせたAを加えて煮立て、全体に味をからめる。

ぶりのあらを使ってもおいしくできます。

レンジぶり大根

レンチン！

12分でできる

材料（2人分）

ぶり…2切れ
大根…⅓本（200g）

A
水…¼カップ
しょうゆ…大さじ3
酒、砂糖、みりん…各大さじ1
しょうが（薄切り）…2枚

作り方

1 ぶりはひと口大に切り、熱湯をまわしかけて水けをふく。

2 大根は小さめの乱切りにし、耐熱容器に入れる。水大さじ1（分量外）を加え、ふんわりとラップをかけて電子レンジで4分加熱する。

3 2に1、混ぜ合わせたAを加え、同様に5分加熱し、全体を混ぜて1分蒸らす。器に盛り、お好みで小ねぎを添える。

さば

☑ おいしく作りおくコツ！

さばは**酢の力を借りておいしく保存**しましょう。またトマト缶と一緒に煮ると、コクが増すうえ、時間がたってもしっとりしていてパサつきません。

休日は

作りおき

☀ かんたん

冷蔵 2〜3日
冷凍 2週間

寿司酢がベースのお手軽マリネ！

揚げさばのマリネ

材料（4人分）

生さば（3枚おろし）…大½尾
玉ねぎ（薄切り）…½個
塩、こしょう…各少々
薄力粉…大さじ1
サラダ油…大さじ3

A
寿司酢…大さじ2
しょうゆ…小さじ2
オリーブオイル…大さじ1

作り方

1 さばは塩（分量外）をふって5分おき、水けをふく。骨を除いて6〜8等分に切り、塩、こしょうをふって薄力粉をまぶす。玉ねぎは水に5分さらして、水けを絞る。

2 フライパンにサラダ油を中火で熱し、さばを入れて4〜5分揚げ焼きにし、油をよくきる。

3 混ぜ合わせたAに玉ねぎ、2を加えてなじませ、冷蔵庫で2時間以上おく。

ゆでたてのパスタにからめても！

❄ 冷凍にぴったり

冷蔵 4〜5日
冷凍 2週間

市販のトマトソース缶を使えばラクチン！

さばのトマトクリーム煮

材料（4人分）

生さば（3枚おろし）…1尾
玉ねぎ（みじん切り）…½個
マッシュルーム（石づきを除いて4等分に切る）…7〜8個
塩、こしょう、薄力粉…各少々

オリーブオイル…大さじ2
A
トマトソース缶（市販）…1缶（295g）
水…¼カップ
生クリーム（乳脂肪分45%）…¼カップ

作り方

1 さばは塩（分量外）をふって5分おき、水けをふく。骨を除いて6〜8等分に切り、塩、こしょうをふって薄力粉をまぶす。

2 フライパンに半量のオリーブオイルを中火で熱し、さばを焼く。両面に焼き色がついたら一度取り出す。

3 2の余分な脂をふいて残りのオリーブオイルを熱し、玉ねぎ、マッシュルームを加えて2〜3分炒める。全体に油が回ったら、Aを加えて2のさばを戻し入れ、ふたをして弱火で8〜10分煮る。生クリームを加え、塩、こしょう（各分量外）で味をととのえる。

☑ 手早く作れるコツ！

スピード調理にも酢は大活躍！**「酢＋しょうが」でレンチン**すると、短時間でもやわらかく、風味バツグンの仕上がりに。**水をふく、熱湯をまわしかける**などの下処理もおいしさの秘訣です。

平日は

帰ってから作る

にんにくの風味が食欲をそそります。

さばのガーリックソテー

材料（2人分）

さば（2枚おろし）…½尾
さやいんげん…5本
塩、こしょう…各適量
A 薄力粉…大さじ1
　粉チーズ…大さじ1と½
にんにく（薄切り）…½かけ
オリーブオイル…大さじ1

作り方

1 さばは水けをふいて半分に切り、2本切り込みを入れる。塩、こしょうをふり、混ぜ合わせたAをまぶす。さやいんげんは長さを2等分に切る。

2 フライパンにオリーブオイル、にんにくを弱火で熱し、焦がさないように焼いて取り出す。

3 2にさばを皮目から並べ入れ、弱めの中火で両面を2～3分ずつ焼き、さばの横でさやいんげんも同様に焼く。器に盛り、2を散らす。

さばのうまみを感じられるさっぱり煮物。

さばの酢煮

材料（2人分）

さば（2枚おろし）…½尾
A 水、酒…各¼カップ
　酢、砂糖…各大さじ2
　しょうゆ…小さじ½
　塩…小さじ¼

作り方

1 さばは半分に切って十文字に切り込みを入れ、熱湯をまわしかけ、水けをふく。

2 耐熱容器に1を並べ、混ぜ合わせたAをまわしかける。ふんわりとラップをかけて電子レンジで5分加熱し、煮汁をまわしかけて1分蒸らす。

3 器に2を盛り、お好みで長ねぎと青じそのせん切りを添える。

まぐろ

✓ おいしく作りおくコツ！
まぐろの角煮は、**しょうがをたっぷり入れると**日持ちがアップ。まぐろのひと口カツは**カレー粉をきかせれば、冷凍しても風味よし。**

休日は 作りおき

かんたん

冷蔵 4～5日
冷凍 2週間

たっぷりのお酒で煮るとやわらかくなります。

まぐろの角煮

材料（4人分）

まぐろ（刺身用）…2さく（400g）
しょうが（せん切り）…2かけ
酒…1カップ
A しょうゆ…大さじ2
砂糖、みりん…各大さじ1

作り方

1 まぐろは水けをふき、1.5cm角に切る。
2 鍋に酒を入れて中火にかける。煮立ったら1を加え、再び煮立ったら、アクを除く。
3 2にA、しょうがを加え、落としぶたをしてときどき混ぜながら汁けがなくなるまで煮て、冷ます。

冷凍にぴったり

冷蔵 3～4日
冷凍 2週間

少ない油でカリッと揚げ焼きにします。

まぐろのカレーカツ

材料（4人分）

まぐろ（刺身用）…2さく（400g）
A しょうゆ…大さじ2
酒…大さじ1
みりん…小さじ2
水溶き薄力粉
薄力粉…大さじ4
水…大さじ3
B パン粉…大さじ4
カレー粉…小さじ1
こしょう…少々
サラダ油…大さじ3

作り方

1 まぐろは水けをふき、1.5cm幅に切ってAに10分漬ける。軽く汁けをふき、水溶き薄力粉、混ぜ合わせたBの順にまぶしつける。
2 フライパンにサラダ油を中火で熱し、1を並べて入れる。両面を2～3分ずつ揚げ焼きにし、油をよくきる。

☑ 手早く作れるコツ！

まぐろのたたき風丼は、手早くできて1品でごちそう感も演出できる最強レシピ！ **フライパンでまぐろをさっと焼く**と、お子さんでも食べやすい味になります。

平日は

帰ってから作る

まぐろは焼きすぎないように注意して。

まぐろのたたき風丼

材料（2人分）

まぐろ（刺身用）… 1さく（200g）
塩、こしょう … 各少々
サラダ油 … 小さじ½
A しょうゆ、ごま油 … 各大さじ1
酢 … 小さじ1
塩、にんにく（すりおろし）… 各少々
温かいごはん … 丼2杯分
小ねぎ（小口切り）… 3～4本
刻みのり … 適量

作り方

1 まぐろに塩、こしょうをふる。フライパンにサラダ油を中火で熱し、まぐろの全面をさっと焼き、1㎝幅に切る。

2 Aは混ぜ合わせる。

3 丼にごはんをよそい、1を盛って2をかける。小ねぎ、刻みのり、お好みで貝割れ菜、練りわさびを添える。

フライパン

5分でできる

赤身より脂の多いほうがしっとりして美味。

まぐろとねぎのさっと煮

材料（2人分）

まぐろ（刺身用）… 1さく（200g）
長ねぎ … ½本
A だし汁 … ½カップ
しょうゆ … 大さじ1と½
みりん … 大さじ1
砂糖 … 小さじ2

作り方

1 まぐろは8㎜幅に切り、長ねぎは斜め薄切りにする。

2 耐熱ボウルにA、長ねぎを入れ、ふんわりとラップをかけて電子レンジで2分加熱する。

3 2にまぐろを加え、同様に3分加熱し、そのまま1分蒸らす。

レンチン！

8分でできる

かつお・たい サーモン

休日は 作りおき

おいしく作りおくコツ！

お刺身が休日に特売されていたら、**マリネや塩漬けにしておく**と便利。このサーモンの塩漬けは冷蔵で３～４日楽しめ、冷凍もできます！

かんたん

かつおはさっと洗うだけでおいしく作りおけます。

かつおの薬味マリネ

冷蔵 3～4日
冷凍 NG

材料（4人分）

かつお（刺身用）…1さく（250g）

玉ねぎ（薄切り）…½個
みょうが（小口切り）…2個
小ねぎ（小口切り）…4～5本
青じそ（せん切り）…6枚
塩、こしょう、薄力粉…各少々
サラダ油…大さじ⅔

A
しょうが（すりおろし）…½かけ
オリーブオイル…大さじ2と½
しょうゆ…大さじ1と½
レモン汁…大さじ1
砂糖…小さじ1

作り方

1 玉ねぎ、みょうがは水に5分さらして軽くもみ、水けをよく絞る。混ぜ合わせたAに小ねぎ、青じそとともに加えてあえる。

2 かつおはさっと洗って水けをふく。1cm幅に切って塩、こしょうをふり、薄力粉をまぶす。

3 フライパンにサラダ油を中火で熱し、2の両面を2分ずつ焼く。熱いうちに1に加えてなじませ、冷蔵庫で2時間以上おく。

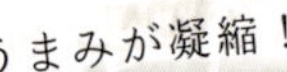

冷凍にぴったり

もっちりとしたクセになる舌触りです。

サーモンの塩漬け

冷蔵 3～4日
冷凍 2週間

材料（4人分）

サーモン（刺身用）…200～250g

A
塩…大さじ½
砂糖…大さじ1

ディル（あれば・葉を摘む）…4枚

作り方

1 サーモンは水けをよくふく。ラップに混ぜ合わせたA、ディルの半量をおいてサーモンをのせる。残りのAをまぶし、ディルをのせてラップでぴっちりと包む。

2 冷蔵庫でひと晩おく。食べるときは、塩、砂糖、ディルを洗い流して水けをふき、切り分ける。残ったら、新しいラップでぴっちりと包み、冷蔵庫か冷凍庫で保存する。

☑ **手早く作れるコツ！**

お刺身はそのままわさびじょうゆで食べても OK ですが、**ごま&しょうゆをまぶしたり、アボカドやマヨネーズと合わせる**と、風味も栄養バランスもアップ！

帰ってから作る

切って混ぜるだけの絶品レシピ。

たいのごまよごし

材料（2人分）

たい（刺身用）… 150g ～ 200g

A
- すりごま（白）… 大さじ 1 と ½ ～ 2
- しょうゆ … 大さじ1と ½
- ごま油 … 大さじ 1

作り方

1 たいはそぎ切りにし、混ぜ合わせた A とよくあえる。

アレンジ

温かいごはんにたいをのせ、だし汁をかけてお茶漬けにしても。

急な来客にもすぐ出せるおしゃれなひと皿。

かつおのタルタル

材料（2人分）

かつお（刺身用）… 小 1 さく（150g）

アボカド … ½ 個

青じそ … 4 枚

A
- マヨネーズ … 大さじ 1
- オリーブオイル … 大さじ ½
- しょうゆ … 小さじ ½
- 塩、粗びき黒こしょう、マスタード … 各少々

バゲット … 適量

作り方

1 かつおはさっと洗って水けをふき、粗めにたたく。アボカドは種と皮を除き、5㎜角に切り、青じそはみじん切りにする。

2 ボウルに A を混ぜ合わせ、1 を加えてあえる。

3 器に 2 を盛り、バゲットを添える。

むきえび

☑ おいしく作りおくコツ！

殻をむく必要がないむきえびを使うとラクチン！ **えびにはんぺん、マヨネーズ、粉を混ぜて揚げたえびカツ**は、冷めてもおいしくてお弁当向き。

休日は 作りおき

かんたん

冷蔵 3〜4日
冷凍 NG

レモンと酢でさわやかさをプラス。

えびのガーリックオイルマリネ

材料（2人分）

むきえび … 350g
酒 … 大さじ 2

A
オリーブオイル … 大さじ 3
にんにく（薄切り）… ½ かけ
酢 … 大さじ 1 と ½
レモン汁 … 小さじ 2
塩 … 小さじ ⅓
粗びき黒こしょう、パセリ … 各少々

作り方

1 むきえびは背わたを除く。塩、片栗粉（各分量外）をもみ込み、よく洗って水けをふく。

2 フライパンに 1、酒を入れて中火にかけ、煮立ったらふたをして 2 ~ 3 分蒸し焼きにし、余分な汁けはきる。

3 混ぜ合わせた A に 1 を加えてあえ、冷蔵庫で 2 時間以上おく。

冷凍にぴったり

冷蔵 3〜4日
冷凍 2週間

えびは半量ずつ切り方を変えるとぷりふわの口当たりに。

えびカツ

材料（8 個分）

むきえび … 350g

A
はんぺん（手でちぎる）… 小 1 枚
玉ねぎ（みじん切り）… ¼ 個
マヨネーズ … 大さじ 1
薄力粉 … 大さじ 1 と ½
塩、こしょう … 各少々

B
卵 … 1 個
薄力粉、水 … 各大さじ 2

パン粉、揚げ油 … 各適量

作り方

1 むきえびは背わたを除く。塩、片栗粉（各分量外）をもみ込み、洗って水けをふき、半量は包丁でたたき、残りはぶつ切りにし、練り混ぜる。

2 1 に A をよく混ぜ合わせ、バットに広げて冷蔵庫で 30 分ほど冷やす。8 等分の楕円形に形を整え、混ぜ合わせた B、パン粉の順につける。

3 フライパンに深さ 2cm ほど揚げ油を入れて 170℃に熱し、2 を 3 ~ 4 分揚げ、油をよくきる。食べるときにお好みのソースをつける。

手早く作れるコツ！

みんなが大好きなえびマヨも超かんたんに！　**ブロッコリーは下ゆでの必要もなく**、フライパン１つでボリューム満点のおかずがあっという間に完成です。

平日は

帰ってから作る

マヨソースを加えたら強火で一気に炒めて。

えびとブロッコリーのマヨ炒め

フライパン

材料（２人分）

むきえび … 200g
ブロッコリー … ½ 株
塩、こしょう、薄力粉 … 各少々
サラダ油 … 大さじ１

A
マヨネーズ … 大さじ２
酒 … 大さじ１
鶏ガラスープの素 … 小さじ ½
塩、粗びき黒こしょう … 各少々

作り方

1 えびは背わたを除き、塩、こしょうをふり、薄力粉をまぶす。ブロッコリーは小房に分ける。

2 フライパンにブロッコリー、塩少々、水大さじ２（各分量外）を入れて弱めの中火にかけ、ふたをして２分蒸し焼きにし、一度取り出す。

3 2のフライパンにサラダ油を中火で熱し、むきえびを２～3分炒める。全体に火が通ったら、2を戻し入れ、混ぜ合わせたAを加えて強火で１分ほど炒める。

合わせ調味料にえびを入れてレンチンするだけ！

レンジえびチリ

レンチン！

材料（２人分）

むきえび … 250g

A
水 … ¼ カップ
長ねぎ（みじん切り）… ⅓ 本
しょうが（みじん切り）、
にんにく（みじん切り）… 各 ½ かけ
トマトケチャップ … 大さじ３
酒 … 大さじ１
しょうゆ … 大さじ ½
ごま油、片栗粉 … 各小さじ１
鶏ガラスープの素、豆板醤 … 各小さじ ½
塩、こしょう … 各少々

作り方

1 えびは背わたを除き、塩、片栗粉（各分量外）をもみ込む。洗って水けをよくふく。

2 耐熱ボウルにAをよく混ぜ合わせ、ふんわりとラップをかけて電子レンジで２分加熱する。1を加えてよく混ぜ、同様に４分加熱してもう一度よく混ぜる。

たこ・貝類

休日は

作りおき

☑ おいしく作りおくコツ！

かきのオイル漬けは、**時間がたつほどに味がなじんで最高のおつまみ**になります。かき以外にも、ほたてやたこなど、お好みの魚介を漬けても◎。

冷蔵1週間・冷凍NG

かんたん

残ったオイルはパスタやチャーハンに使えます。

かきのオイル漬け

材料（作りやすい分量）

生がき（加熱用）…500～600g
酒…大さじ1
しょうゆ…大さじ1

A
サラダ油…3/4カップ
オリーブオイル…大さじ3
にんにく（薄切り）…1かけ
赤唐辛子…1本

作り方

1 かきは水2と1/2カップに塩大さじ1の塩水（分量外）でふり洗いし、汚れが出てきたら水を取り替えながら1～2回ふり洗いを繰り返す。キッチンペーパーで水けをよくふく。

2 フライパンに1と酒を入れ、強火で途中返しながらしっかりと水分をとばす。身がふっくらとして気泡が少なくなってきたら、しょうゆを加えて焦がさないように煮つめる。

3 2の粗熱がとれたら、保存容器に入れ、Aを加える。

冷凍にぴったり

冷蔵3～4日・冷凍2週間

こってりとした味わいが最高です。

ほたてのマヨしょうゆ焼き

材料（4人分）

ほたて（生食用）…20個
コーン（ドライパック）…大さじ3
塩、こしょう、薄力粉…各少々
サラダ油…大さじ1

A
マヨネーズ、しょうゆ…各大さじ1
みりん…小さじ2
砂糖…小さじ1

作り方

1 ほたては水けをふき、塩、こしょうをふって薄力粉をまぶす。

2 フライパンにサラダ油を中火で熱し、1の両面を2分ずつ焼く。コーン、混ぜ合わせたAを加えて照りが出てくるまで焼く。

☑ 手早く作れるコツ！

あさりは砂抜きに時間がかかるのが難点。でも、**50℃のお湯で洗えば、たった5分で砂抜き終了！** あとはレンジにおまかせするだけで、ふっくらおいしい酒蒸しが完成。

平日は

帰ってから作る

日本酒や焼酎に合う大人のおつまみです。

たこ刺しのねぎだれがけ

フライパン

5分でできる

材料（2人分）

ゆでたこ（刺身用）… 150g

A
- 長ねぎ（みじん切り）… ⅓本
- にんにく（つぶす）… ½かけ
- サラダ油、ごま油 … 各大さじ1
- しょうゆ … 小さじ2
- 塩 … 小さじ¼

作り方

1 たこは食べやすい大きさのそぎ切りにし、器に盛る。

2 フライパンに混ぜ合わせたAを入れ、弱めの中火にかける。にんにくの香りが出てきたら火を止め、熱いうちにたこにかける。

ぷりぷりした食感◎。あっという間になくなりそう！

あさりの酒蒸し

レンチン！

10分でできる

材料（2人分）

あさり（殻つき）… 300g

A
- しょうが（みじん切り）… ½かけ
- 酒 … 大さじ1

小ねぎ（小口切り）… 適量

バター … 10g

作り方

1 あさりは50℃のお湯に入れ、こすり洗いをして5分おく。もう一度お湯を替えて洗い、水けをきる。

2 耐熱ボウルにあさりを入れ、Aを加える。ふんわりとラップをかけ、電子レンジで4分加熱する。

3 器に2を盛り、小ねぎをちらしてバターをのせる。

シーフードミックス

休日は

作りおき

おいしく作りおくコツ！

冷凍シーフードミックスは流水で解凍してから、水けをよくふいて。たったこれだけで作りたての風味が続きます。

かんたん

冷蔵 2〜3日
冷凍 NG

シャキシャキのセロリと相性バツグン！

魚介のヨーグルトマリネ

材料（4人分）

シーフードミックス（冷凍）… 300g
セロリ（筋を除いて8mm幅の斜め薄切り）… ½ 本
酒 … 大さじ1

A
プレーンヨーグルト … ¾ カップ
粉チーズ … 大さじ2
オリーブオイル … 大さじ1
酢 … 小さじ2
塩 … 小さじ ½
こしょう … 少々

作り方

1. シーフードミックスは流水で解凍し、水けをよくふく。フライパンに入れて酒をふり、中火でふたをして2分蒸し焼きにし、汁けをきる。
2. 1が冷めたら、混ぜ合わせたAにセロリとともに加えてあえ、冷蔵庫で2時間以上おく。

アレンジ
このマリネ液にゆでたこやハム、サラダチキンをかけてもおいしい。

冷凍にぴったり

冷蔵 3〜4日
冷凍 2週間

ごはんにもパンにも合います！

シーフードミックスのカレー煮

材料（4人分）

シーフードミックス（冷凍）… 300g
玉ねぎ（みじん切り）… ½ 個
なす（1.5cm角に切る）… 2本
にんにく（みじん切り）… ½ かけ
酒 … 大さじ1
オリーブオイル … 大さじ1
薄力粉 … 小さじ2

A
水 … 1カップ
トマトケチャップ … 大さじ2
カレー粉 … 小さじ2
顆粒コンソメスープの素、ウスターソース … 各小さじ1
塩 … ふたつまみ
こしょう … 少々

作り方

1. シーフードミックスは流水で解凍し、水けをふく。フライパンに入れて酒をふり、中火でふたをして2分蒸し焼きにし、一度取り出して汁けをきる。
2. 1のフライパンにオリーブオイルとにんにくを入れ、弱めの中火で炒める。香りが出たら、玉ねぎ、なすを加えて3分炒め、薄力粉も加えて粉っぽさがなくなるまで炒める。
3. 2にAを加え、ふたをして弱火で7〜8分に煮る。

☑ 手早く作れるコツ！

とにかく時間がないときは、火の通りの早い野菜を組み合わせるのがベスト。**パプリカ、白菜、しいたけ**などはシーフードミックスと相性ぴったり！ できたてをごはんにのせてもおいしいです。

平日は

帰ってから作る

パプリカの代わりにアスパラでもOK！

魚介とパプリカの塩炒め

材料（2人分）

シーフードミックス（冷凍）… 150g
パプリカ（赤）… 1個
にんにく … ½ かけ
サラダ油 … 大さじ1
酒 … 大さじ1
塩 … 小さじ ¼
こしょう … 少々
水溶き片栗粉
　片栗粉 … 小さじ ½
　水 … 小さじ1

作り方

1 シーフードミックスは流水で解凍し、水けをふく。パプリカは小さめの乱切りにする。にんにくはみじん切りにする。

2 フライパンにサラダ油、にんにくを入れて弱めの中火で熱し、香りが出たら、パプリカを1～2分炒める。

3 2にシーフードミックスを加え、酒をふって2分ほど炒める。塩、こしょうで味をととのえ、水溶き片栗粉でとろみをつける。

野菜たっぷりの中華おかずが完成！

魚介と白菜の中華炒め

材料（2人分）

シーフードミックス（冷凍）… 150g
白菜 … 4～5枚
しいたけ … 4個

A
水 … ¼ カップ
オイスターソース、ごま油 … 各小さじ2
鶏ガラスープの素、片栗粉 … 各小さじ1
塩、こしょう、砂糖 … 各少々

作り方

1 シーフードミックスは流水で解凍し、水けをふく。

2 耐熱ボウルにAを合わせ、1を加えて混ぜる。ふんわりとラップをかけて電子レンジで2分加熱し、よく混ぜる。

3 2を加熱している間に白菜はざく切り、しいたけは石づきを除いて細切りにする。2にのせ、ふんわりとラップをかけて電子レンジで3分加熱し、よく混ぜる。

ツナ油漬け缶

✓ おいしく作りおくコツ！

ストックしやすいツナ缶は作りおきにもフル活用して。**春雨サラダはきゅうりを入れないので水けが出にくく**、常備サラダとしておすすめ。

＼休日は／ 作りおき

☀ かんたん

冷蔵 3～4日
冷凍 NG

春雨はかためにもどすのがコツ。

ツナ缶の春雨サラダ

材料（4人分）

ツナ油漬け缶（フレークタイプ）…1缶（70g）
きぬさや … 12枚
春雨（乾燥・ショートタイプ）… 30g
コーン（ドライパック）… 大さじ3
A マヨネーズ、すりごま（白）… 各大さじ2
酢 … 小さじ2
塩、こしょう … 各少々

作り方

1. 春雨は熱湯に5分つけてもどし、水で洗ってよく水けをふく。
2. きぬさやはへたと筋を除く。ラップで包んで電子レンジで40秒加熱し、水にとり、斜め3等分に切る。
3. ボウルにAを混ぜ合わせ、1、2、缶汁をきったツナ、コーンを加えてあえる。

❄ 冷凍にぴったり

冷蔵 1週間
冷凍 3週間

ツナ缶の油がうまみになるので捨てずに使って。

ツナ缶みそ

材料（4人分）

ツナ油漬け缶（フレークタイプ）…2缶（140g）
長ねぎ（みじん切り）… ½本
しょうが（みじん切り）… 1かけ
A みそ … 大さじ3
砂糖、酒 … 各大さじ2

作り方

1. Aは混ぜ合わせておく。
2. フライパンにツナ缶の油（全量）、しょうが、長ねぎを入れ、中火で炒める。香りが出たら、ツナを加えて炒め合わせ、1も加え、弱めの中火で混ぜながら、水分をとばすように6～7分炒める。

アレンジ
おにぎりの具にしたり、お好みの生野菜につけたりしてもおいしい！

☑ 手早く作れるコツ！
ツナ缶ならパパッと卵とじやカレーだって作れます。**玉ねぎと一緒にレンチンして作れちゃうお手軽&速攻カレー**は、目からウロコのおいしさです。

平日は
帰ってから作る

トロトロにしてごはんにのせてもおいしい！
ツナ缶中華風卵とじ

フライパン

6分でできる

材料（2人分）

ツナ油漬け缶（かたまりタイプ）…1缶（140g）
しめじ…1袋
小ねぎ…4～5本
A | 水…3/4カップ
オイスターソース…大さじ1と1/2
酒…大さじ1
砂糖…大さじ1/2
卵…3個

作り方

1 しめじは石づきを除いてほぐす。小ねぎは4cm長さに切る。卵は溶きほぐす。

2 フライパンに缶汁をきったツナ、しめじ、小ねぎ、Aを入れて中火にかける。2分ほど煮て溶き卵をまわし入れ、ふたをしてお好みのかたさにとじる。

お肉がなくてもツナ缶で十分です。
ツナカレー

レンチン！

10分でできる

材料（2人分）

ツナ油漬け缶（かたまりタイプ）…1缶（140g）
玉ねぎ…1/2個
バター…10g
カレールウ…2切れ
水…1カップ
A | ウスターソース、しょうゆ…各小さじ1
温かいごはん…茶碗2杯分

作り方

1 玉ねぎは薄切りにする。耐熱容器に入れてバターをのせ、ふんわりとラップをかけて電子レンジで2分30秒加熱する。

2 カレールウは粗く刻み、1に水、缶汁をきったツナとともに加える。ふんわりとラップをかけて電子レンジで4分加熱し、Aを混ぜる。

3 器にごはんをよそい、2をかける。

さば水煮・みそ煮缶

休日は 作りおき

☑ おいしく作りおくコツ！

そのまま食べてもいいけれど、実は作りおきにも向いているのがさば缶。さば缶のおかずきんぴらは、**にんじん入りでボリュームも栄養も申し分なし！**

かんたん

さば缶はあまりくずさないようにあえて。

さば缶とセロリのマヨあえ

冷蔵 3～4日
冷凍 NG

材料（4人分）

さば水煮缶…1缶（190g）

セロリ…1本

A
- マヨネーズ…大さじ1と½
- みそ…大さじ½
- 塩、こしょう、砂糖…各少々

作り方

1. セロリは筋を除いて斜め薄切りにし、塩小さじ½（分量外）でもむ。さっと洗って水けを絞る。
2. ボウルにAを混ぜ合わせ、1、缶汁をきったさば水煮を加えてざっとあえる。

冷凍にぴったり

にんじんの代わりにごぼうでもおいしい！

さば缶のおかずきんぴら

冷蔵 3～4日
冷凍 2週間

材料（4人分）

さばみそ煮缶…1缶（190g）

にんじん（太めのせん切り）…1本

しょうが（せん切り）…1かけ

ごま油…大さじ⅔

しょうゆ…小さじ2

作り方

1. フライパンにごま油、しょうがを中火で熱し、香りが出てきたら、にんじんを炒める。にんじんが少ししんなりしてきたら、さばみそ煮缶を缶汁ごと加え、しょうゆも加えて汁けが少なくなるまで炒める。

☑ 手早く作れるコツ！

手早く作りたいときにさば缶は時短調理の救世主！ **ミニトマトを使ったレンチンのアクアパッツァ風**は、かんたんなのにとってもオシャレなひと皿です。

平日は

帰ってから作る

肉に負けないおいしさで栄養も満点！

さば缶の回鍋肉風炒め

フライパン

5分でできる

材料（4人分）

さばみそ煮缶…1缶（190g）

キャベツ…2～3枚
ピーマン…2個
しょうが…½かけ
ごま油…大さじ1

A
酒…大さじ1
オイスターソース…大さじ½
豆板醤…小さじ¼

塩、こしょう…各少々

作り方

1 キャベツは3cm四方に切る。ピーマンは乱切り、しょうがはみじん切りにする。

2 フライパンにごま油、しょうがを中火で熱し、香りが出たら、キャベツ、ピーマンを1～2分炒めて一度取り出す。

3 2にさばみそ煮缶を缶汁ごと加え、Aも加えて大きくくずしながら炒める。2を戻し入れて炒め合わせ、塩、こしょうで味をととのえる。

栄養たっぷりで美容にもいいひと皿。

さば缶のアクアパッツァ風

レンチン！

4分でできる

材料（2人分）

さば水煮缶…1缶（190g）

ミニトマト…8個
にんにく…½かけ

A
オリーブオイル…大さじ2
白ワイン…大さじ1
塩、粗びき黒こしょう…各適量

作り方

1 さば缶は缶汁をきり、大きめにほぐして耐熱容器に入れる。

2 にんにくは薄切りにする。

3 1に2、ミニトマト、Aを加え、ふんわりとラップをかけて電子レンジで3分加熱し、ざっと混ぜる。

鮭水煮缶

おいしく作りおくコツ！

栄養たっぷりの鮭水煮缶は、子どもから年配の人まで積極的に食べたいもの。**煮物やハンバーグなどの作りおきアイデア**で、飽きずに楽しんで！

休日は 作りおき

かんたん

冷蔵 3～4日
冷凍 2週間

鮭缶のうまみが体にしみわたります。

鮭缶とモロッコいんげんのしょうが煮

材料（4人分）

鮭水煮缶…1缶（180g）

モロッコいんげん
（両端を切り落とし、斜め3～4等分に切る）…4本

A
- だし汁…1カップ
- しょうゆ…大さじ1
- みりん…大さじ1
- しょうが（薄切り）…2枚

作り方

1 鍋にA、モロッコいんげんを入れて中火にかけ、煮立ったら落としぶたをして弱めの中火で4～5分煮る。大きめにほぐした鮭缶を缶汁ごと加え、さらに2～3分煮る。

冷凍にぴったり

冷蔵 3～4日
冷凍 2週間

魚が苦手なお子さんでも食べやすい味！

鮭缶バーグ

材料（4人分）

鮭水煮缶…1缶（180g）

はんぺん…小2枚

A
- 長ねぎ（みじん切り）…½本
- 青じそ（みじん切り）…5枚
- 薄力粉…大さじ2
- トマトケチャップ、マヨネーズ…各大さじ1
- 塩、こしょう…各少々

サラダ油…大さじ1

作り方

1 鮭缶は缶汁をきってほぐし、手でちぎったはんぺん、Aと混ぜ、8等分にして丸く平たくまとめる。

2 フライパンにサラダ油を中火で熱し、1の両面がカリッとするまで2～3分ずつ焼く。お好みでトマトケチャップをつけて食べる。

☑ 手早く作れるコツ！

生肉のように火が通るまで待たなくてもいいのが缶詰の魅力。**キャベツを加えれば超かんたんな塩やきそばだって作れます。**ぜひ、**お肉の代わり**に活用してみてください。

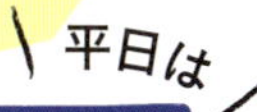

帰ってから作る

鮭缶を香ばしく焼くのがポイント。

鮭缶とにら、もやしの焼きそば

フライパン

材料（2人分）

鮭水煮缶…1缶（180g）
中華蒸しめん…2玉
にら…½束
もやし…½袋（100g）
サラダ油…大さじ1

A | 酒…大さじ1
オイスターソース…小さじ2
顆粒中華だしの素…小さじ1

塩、こしょう…各少々

作り方

1 中華蒸しめんは袋の端をはさみで少し切り落とし、電子レンジで1分加熱してほぐす。

2 にらは4cm長さに切る。鮭缶は缶汁をきり、大きめにほぐす。

3 フライパンにサラダ油を中火で熱し、鮭缶の両面を焼く。焼き色がついたら、もやし、にらの順に炒める。A、1を加えて炒め合わせ、塩、こしょうで味をととのえる。

超お手軽グラタンをアツアツうちにどうぞ！

鮭缶のみそマヨチーズ焼き

トースター！

材料（2人分）

鮭水煮缶…1缶（180g）
長いも…4cm
A | みそ、マヨネーズ、プレーンヨーグルト…各大さじ1
塩、こしょう…各少々
溶けるチーズ…30g

作り方

1 長いもは皮をむいて1cm幅の輪切りにする。

2 鮭缶は缶汁をきり、Aと混ぜ合わせる。

3 耐熱皿に1を入れて塩、こしょうをふり、2をかける。溶けるチーズをのせてオーブントースターで8分ほど焼く。

＼平日は／

帰ってから作る

絶品  アボカドレシピ

あっというまに完食しちゃう！

無限アボカド

2分でできる

材料（2人分）

アボカド … 1個
A しょうゆ … 大さじ2
　酢、ごま油 … 各小さじ1
　砂糖 … 小さじ½
　いりごま（白）… 大さじ1

作り方

1 アボカドは縦半分に切り込みを入れて割り、種と皮を除いて2cm角に切る。
2 ボウルにAを混ぜ合わせ、1を加えてあえる。

ワインのおつまみにどうぞ。

アボカドの生ハム巻き

材料（2人分）

アボカド … ½個
生ハム … 小6枚
レモン汁 … 小さじ1
オリーブオイル … 大さじ1
粗びき黒こしょう … 適量

作り方

1 アボカドは縦半分に切り込みを入れて割る。種と皮を除いて6等分のくし形切りにし、レモン汁をまぶす。
2 1を生ハムで巻く。オリーブオイルをたらし、粗びき黒こしょうをふる。

2分でできる

辛うまでビールにぴったり。

アボカドのキムチあえ

2分でできる

材料（2人分）

アボカド … 1個
白菜キムチ … 60g
A ごま油 … 小さじ2
　塩 … 少々

作り方

1 アボカドは縦半分に切り込みを入れて割り、種と皮を除いて1.5cm角に切る。白菜キムチはざく切りにする。
2 ボウルにAを混ぜ合わせ、1を加えてあえる。

生のままでも加熱してもおいしいアボカド。健康にも美容にもよい、
かんたんなレシピをご紹介します。

ほんのりわさびをきかせるのがコツ。

アボカドとたこのサラダ

材料（2人分）

アボカド … 1個
ゆでたこ（刺身用）… 80g
A | オリーブオイル … 大さじ1と½
しょうゆ … 大さじ1
レモン汁 … 小さじ1
練りわさび … 少々

作り方

1 アボカドは縦半分に切り込みを入れて割り、種と皮を除き、たこととともに1.5cm角に切る。
2 ボウルにAを混ぜ合わせ、1を加えてあえる。

熱々のアボカドもこれまた格別です。

アボカドのバターじょうゆ焼き

材料（2人分）

アボカド … 1個
バター … 10g
しょうゆ … 大さじ1

作り方

1 アボカドは縦半分に切り込みを入れて割り、種と皮を除いて1cm幅に切る。
2 フライパンに半量のバターを中火で熱し、アボカドを焼く。両面に軽く焼き色がついたら、しょうゆをまわし入れ、残りのバターを加えて全体にからめる。

餃子の皮を使ったお手軽ピザ。

アボカドのミニピザ風

材料（2人分）

アボカド … ½個
スライスベーコン … 1枚
A | マヨネーズ … 大さじ1
粗びき黒こしょう … 適量
餃子の皮 … 4枚

作り方

1 ベーコンは1cm幅に切る。
2 アボカドは縦半分に切り込みを入れて割り、種と皮を除いてフォークで軽くつぶし、1、Aと混ぜ合わせる。
3 餃子の皮に2を等分にのせ、オーブントースターで3〜4分焼く。

すぐでき！

お役立ちmemo②

晩ごはんの味方 袋づめ味つけ冷凍

肉や魚に調味料をなじませて冷凍すると、やわらかくなったり、うまみが増したりしていいことづくめ。このストックがあると晩ごはんの準備がラクになります。

基本的な作り方と食べ方

- 調味料と食材を保存袋に入れてなじませ、袋の空気を抜いてなるべく平らにして密閉し、冷蔵または冷凍保存する。
- 冷蔵の場合はそのまま、冷凍の場合は冷蔵庫で自然解凍か、電子レンジの解凍モードで解凍する。フライパンに油を熱し、漬け汁ごと火が通るまで焼くもしくは炒める。魚の場合は魚焼きグリルで焼いてもおいしい。

冷蔵2日
冷凍2週間

塩ヨーグルト味

材料と作り方

①**鶏もも肉大1枚**は余分な脂を取り、ひと口大に切る。
②保存袋に**プレーンヨーグルト大さじ3、塩小さじ1/3、こしょう適量**を混ぜ、①を加えてなじませる。

素材チェンジ！
鶏むね肉大1枚・豚トンカツ用肉2枚・生鮭2切れ

にんにくオイル味

材料（2人分）と作り方

①**豚トンカツ用肉2枚**は筋を切る。
②保存袋に**オリーブオイル大さじ2、にんにく1かけ**(割ってつぶす)**、塩小さじ1/3、こしょう適量**を混ぜ、①を加えてなじませる。

素材チェンジ！
鶏もも肉大1枚・鶏むね肉大1枚・生鮭2切れ・ぶり2切れ・さば2切れ

照り焼き味

材料（2人分）と作り方

①**生鮭2切れ**は塩（分量外）をふって10分おき、水けをふく。
②保存袋に**しょうゆ、酒各大さじ2、砂糖、みりん各大さじ1**を混ぜ、①を加えてなじませる。

素材チェンジ！
鶏もも肉大1枚・豚バラ薄切り肉300g（※肉の場合は塩をふらない）・かじき2切れ

カレーケチャップ味

材料（2人分）と作り方

①**豚こま切れ肉300g**は食べやすい大きさに切る。
②保存袋に**トマトケチャップ大さじ2、ウスターソース大さじ1、しょうゆ小さじ1、カレー粉小さじ1/2、砂糖小さじ1/4**を混ぜ、①を加えてなじませる。

素材チェンジ！
鶏もも肉大1枚・鶏むね肉大1枚・かじき2切れ（各ひと口大に切る）

コンソメ味

材料（2人分）と作り方

①**鶏むね肉大1枚**はそぎ切りにする。
②保存袋に**顆粒コンソメスープの素小さじ1、酒大さじ1、塩小さじ1/4、にんにく**(すりおろし)**少々**を混ぜ、①を加えてなじませる。

素材チェンジ！
鶏もも肉大1枚（ひと口大に切る）・豚こま切れ肉300g・牛こま切れ肉300g・生鮭2切れ

ゆずこしょうみそ味

材料（2人分）と作り方

①**かじき2切れ**は水けをふく。
②**みそ大さじ2、酒、みりん各大さじ1、ゆずこしょう小さじ1/4**を混ぜ合わせて①にぬり、ラップで包んで保存袋に入れる。

素材チェンジ！
鶏もも肉大1枚・鶏むね肉大1枚・豚トンカツ用肉2枚・生鮭2切れ・ぶり2切れ

中華味

材料（2人分）と作り方

①**牛こま切れ肉300g**は大きければ食べやすい大きさに切る。
②保存袋に**オイスターソース、酒各大さじ1、ごま油小さじ2、しょうゆ小さじ1、砂糖小さじ1/4**を混ぜ、①を加えてなじませる。

素材チェンジ！
鶏もも肉大1枚・鶏むね肉大1枚（各ひと口大に切る）・豚こま切れ肉300g

ちょっとしたコツで楽しく、おいしく!

Part.3
ごはん・めん

作りおき用は、米の水加減を少なめにして炊き込んで。
パスタはゆでたスパゲッティを一度冷水でしめてから
ソースとからめましょう。平日の調理は、具をのせるだけの丼や
レンチンチャーハン、ひと鍋で作るパスタなど、
後片づけがラクなメニューを選んで乗りきりましょう。

ごはん

✓ おいしく作りおくコツ！

ごはんをおいしく作りおくには、**普通に炊くより水加減を少なめにするのがコツ**。えびピラフは、仕上げにバターを加えるとパラリとした炊きあがりに。

休日は 作りおき

かんたん

具だくさんで繰り返し食べたくなる味わい。

鮭ときのこの炊き込みごはん

材料（4人分）

米…3合
甘塩鮭…3切れ
まいたけ（ほぐす）…1パック
しめじ（石づきを除いてほぐす）…1袋
しょうが（みじん切り）…½かけ

A
だし汁…540mℓ
しょうゆ、みりん…各大さじ2と½

いりごま（白）…大さじ2

作り方

1 米はといで30分ほど浸水させ、ざるにあげる。
2 炊飯器に1、Aを入れて混ぜ、きのこ類、しょうがをのせて普通に炊く。
3 炊いている間に、魚焼きグリル（両面焼き）で甘塩鮭を7～8分焼く。骨と皮を除いてほぐし、2が炊けたらごまとともに混ぜる。

冷凍にぴったり

コンソメの素は2回に分けて加えると本格味に！

えびのバターピラフ

材料（4人分）

米…3合
むきえび…200g
玉ねぎ（みじん切り）…½個
にんじん（5mm角に切る）…⅓本
バター…15g
塩、こしょう…各少々
酒…大さじ1

A
水…540mℓ
酒…大さじ2
顆粒コンソメスープの素…小さじ2
塩、こしょう…各少々

顆粒コンソメスープの素…小さじ1

作り方

1 米はといで30分ほど浸水させ、ざるにあげる。
2 えびは塩と片栗粉（各分量外）をもみ込み、洗って水けをふく。フライパンにバター5gを熱し、玉ねぎ、にんじんを炒める。玉ねぎが透き通ってきたら、むきえびを加え、塩、こしょう、酒をふって2分炒める。
3 炊飯器に1、Aを入れて混ぜ、2をのせて普通に炊く。炊けたらコンソメスープの素、残りのバターを加えて混ぜる。お好みでドライパセリをふる。

☑ **手早く作れるコツ！**

時間がない日はのっけ丼と汁もので乗りきって。**アボカドサーモン丼は、常備食材だけで作れるボリューム丼**。いつでも冷蔵庫にストックしておくと、急きょのときにも安心です。

平日は

帰ってから作る

パパッと作れて見た目も申し分なし！

しらす青じそ丼

超スピード

3分でできる

材料（2人分）

しらす … 70g
卵黄 … 2個分
A 青じそ（せん切り）… 8枚
　ごま油 … 小さじ1
　小ねぎ（小口切り）… 5本
焼きのり（全形）… 1枚
いりごま（白）… 大さじ1
温かいごはん … 丼2杯分
しょうゆ … 適量

作り方

1 温かいごはんにちぎった焼きのり、ごまを混ぜ、丼によそう。

2 しらすにAを混ぜ、1にのせる。中心に卵黄をのせ、しょうゆをたらす。

ごはんにクリームチーズを混ぜるのがコツ。

アボカドサーモン丼

ボリューム

5分でできる

材料（2人分）

アボカド … 1個
スモークサーモン … 80g
クリームチーズ（個包装タイプ）… 2個
A しょうゆ … 大さじ1と½
　オリーブオイル … 大さじ1
　みりん（電子レンジで20秒加熱）… 小さじ2
かつお節 … 1パック（3g）
温かいごはん … 丼2杯分

作り方

1 アボカドは種と皮を除き、1cm角に切る。スモークサーモンはひと口大に切り、混ぜ合わせたAに漬ける。

2 クリームチーズは1cm角に切り、温かいごはんにかつお節とともに混ぜる。

3 丼に2をよそい、1を盛る。

ごはん

☑ **おいしく作りおくコツ！**

ベビー蒸しほたてはうまみがあるので、**一緒に炊くだけでコク深い味わいに。**カレーピラフは**しっかりめの味つけにすれば、**冷凍してもおいしい。

休日は

かんたん

冷蔵3日・冷凍2週間

ミニトマトの酸味がアクセント！

ほたての炊き込みごはん

材料（4人分）

米…3合
ベビー蒸しほたて…12個
ミニトマト…12個
サラダ油…小さじ2

A
水…540mℓ
顆粒和風だしの素…小さじ2
しょうゆ…大さじ2と½
塩…小さじ⅓

バター…20g

作り方

1 米はといで30分ほど浸水させ、ざるにあげる。

2 フライパンに半量のバターを中火で熱し、ベビー蒸しほたてを2～3分焼く。

3 炊飯器に1、Aを入れて混ぜ、2、ミニトマトをのせて普通に炊く。炊けたら残りのバターを混ぜる。

お子さんにもおすすめ！

冷凍にぴったり

冷蔵3日・冷凍2週間

鶏肉のうまみと野菜の甘みを堪能！

チキンカレーピラフ

材料（4人分）

米…3合
鶏もも肉（2cmの角切り）…2枚
玉ねぎ（みじん切り）…½個
ピーマン（1cmの角切り）…2個
パプリカ（赤・1cmの角切り）…½個
マッシュルーム（石づきを除いて4等分に切る）…5個
バター…10g
塩、こしょう…各少々

A
水…2と½カップ
トマトケチャップ…大さじ2
カレー粉、酒…各大さじ1
顆粒コンソメスープの素…小さじ2と½
塩…小さじ½

作り方

1 米はといで30分ほど浸水させ、ざるにあげる。

2 フライパンにバターを中火で熱し、鶏肉を炒める。肉の色が変わったら、玉ねぎ、ピーマン、パプリカ、マッシュルームの順に加え、塩、こしょうをふって2～3分炒める。

3 炊飯器に1、Aを入れて混ぜ、軽く汁けをきった2をのせて普通に炊く。炊けたら全体をよく混ぜる。

☑ **手早く作れるコツ！**

炒めた高菜漬けと明太子を温かいごはんに混ぜれば、コクのある味わいに。レンジチャーハンは**フライパンで作るより手軽なのにパラリと仕上がります。**

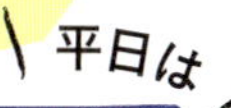

帰ってから作る

炒めてから混ぜると断然おいしい！

高菜明太子混ぜごはん

フライパン

4分でできる

材料（2人分）

温かいごはん … 400g

高菜漬け … 50g

辛子明太子 … ½ 腹（30g）

ごま油 … 大さじ ½

しょうゆ … 小さじ 1

作り方

1 高菜漬けは細かく刻む。明太子は薄皮から身をこそげ出す。

2 フライパンにごま油を中火で熱し、高菜漬けを炒める。香りが出てきたら、明太子としょうゆを加え、ざっと炒め合わせ、ごはんに加えて混ぜる。

かんたんすぎて、おいしすぎ！

レンジチャーハン

レンチン！

7分でできる

材料（2人分）

温かいごはん … 400g

スライスベーコン … 3 枚

長ねぎ … ⅓ 本

卵 … 2 個

A
- ごま油 … 大さじ 1
- しょうゆ … 小さじ 2
- 鶏ガラスープの素 … 小さじ 1

いりごま（白）… 大さじ 1

塩、粗びき黒こしょう … 各少々

作り方

1 ベーコンは 1cm 幅に切り、長ねぎは粗みじん切りにする。卵は溶きほぐす。

2 耐熱ボウルにごはんを広げ、A を加えて混ぜる。ベーコン、長ねぎを加え、溶き卵をまわしかける。

3 ふんわりとラップをかけて電子レンジで 2 分 30 秒加熱する。取り出してよく混ぜ、2 分 30 秒加熱する。ごまを混ぜ、塩、粗びき黒こしょうで味をととのえる。

パスタ

☑ おいしく作りおくコツ！

パスタはゆであがったら**冷水で洗ってぬめりを取り、水けをしっかりときってオイルをまぶして**。時間がたってもくっつかず、歯ごたえも残ります。

休日は 作りおき

粉チーズをふっても。

かんたん

冷蔵3日・冷凍2週間

合わせ調味料を煮つめると水っぽくなりません。

ナポリタン

材料（4人分）

スパゲッティ … 320g
ウインナー（斜め5等分に切る）… 6本
ピーマン（5mm厚さの輪切り）… 3個
玉ねぎ（薄切り）… 1個
オリーブオイル … 大さじ3

A
- 顆粒コンソメスープの素 … 大さじ2
- トマトケチャップ … 大さじ8
- ウスターソース … 大さじ1と½
- しょうゆ … 大さじ1

バター … 20g
塩、こしょう … 各少々

作り方

1 スパゲッティは塩（分量外）を加えた熱湯で袋の表示時間より1分長めにゆでる。ざるにあげて冷水でしめ、水けをきってオリーブオイル大さじ2をまぶす。

2 フライパンに残りのオリーブオイルを中火で熱し、ウインナー、ピーマン、玉ねぎを2分ほど炒める。

3 2に混ぜ合わせたAを加え、2分ほど煮つめる。1、バターを加えて全体にからめ、塩、こしょうで味をととのえる。

冷凍にぴったり

冷蔵3日・冷凍2週間

野菜たっぷりで作りおいてもしっとり！

ツナのトマトクリームパスタ

材料（4人分）

スパゲッティ … 320g
ツナ油漬け缶（かたまりタイプ）… 1缶（140g）
なす（小さめの乱切り）… 2本
にんにく（みじん切り）… 1かけ
アンチョビフィレ（みじん切り）… 2切れ
オリーブオイル … 大さじ3

A
- トマト水煮缶（カットタイプ）… 2缶（800g）
- 砂糖 … 小さじ2
- しょうゆ … 小さじ1
- 塩 … 小さじ¼
- こしょう … 少々

生クリーム（乳脂肪分45%）… ¼カップ

作り方

1 スパゲッティは塩（分量外）を加えた熱湯で袋の表示時間より1分長めにゆでる。ざるにあげて冷水でしめ、水けをきってオリーブオイル大さじ2をまぶす。

2 フライパンに残りのオリーブオイル、にんにく、アンチョビを弱めの中火で熱し、香りが出たら、なす、缶汁をきったツナを加えて炒める。

3 なすが少ししんなりしてきたら、Aを加えて10分ほど煮つめる。生クリームも加えてひと煮し、1を加えて全体にからめる。お好みでドライバジルをふる。

☑ **手早く作れるコツ！**

忙しい日は、**洗い物が少ない「ひと鍋パスタ」が大活躍！**「のり+ほたて缶」も「カルボナーラ」も超かんたんなのに、リピート必至のおいしさです。

平日は

帰ってから作る

磯のうまみが最高！一度食べるとファンになります。

のりとほたて缶のパスタ

材料（2人分）

スパゲッティ … 160g
ほたて水煮缶 … 1缶（80g）
にんにく（半割りにしてつぶす）… 1かけ
焼きのり（全形）… 3枚
オリーブオイル … 大さじ1と½
水 … 2と½カップ
A しょうゆ … 小さじ1
　塩、こしょう … 各少々

作り方

1. 深めのフライパンにオリーブオイル大さじ1、にんにくを弱火で熱し、香りが出たらほたて缶を缶汁ごと加える。
2. 1に水、半分に折ったスパゲッティを加え、ふたをしてときどき混ぜながら弱火で8分煮る。
3. やや火を強め、2にちぎった焼きのり、残りのオリーブオイルを加えて全体にからめ、Aで味をととのえる。

生クリームがなくても牛乳で十分おいしい！

カルボナーラ

材料（2人分）

スパゲッティ … 160g
ブロックベーコン … 50g
にんにく … ½かけ
オリーブオイル … 大さじ1
A 牛乳、水 … 各1と¼カップ
　顆粒コンソメスープの素 … 小さじ1と½
　塩 … 小さじ¼
粉チーズ … 大さじ2
卵黄 … 2個分
塩、粗びき黒こしょう … 各適量

作り方

1. ベーコンは1cm角の拍子木切り、にんにくはみじん切りにする。
2. 深めのフライパンにオリーブオイルを弱めの中火で熱し、1を炒める。香りが出たら、A、半分に折ったスパゲッティを加え、ふたをしてときどき混ぜながら弱火で8分煮る。
3. やや火を強め、2に粉チーズを加えて混ぜ、塩で味をととのえる。火を止めて卵黄を全体にざっとからめ、粗びき黒こしょうをふる。

超かんたん！

休日は 作りおき

おつまみレシピ

冷蔵 4〜5日
冷凍 NG

濃厚な黄身に甘酸っぱいソースがマッチ。

うずら卵のソース漬け

材料（作りやすい分量）

うずら卵水煮 … 18 個
A ウスターソース … ¼ カップ
　水 … ½ カップ
　はちみつ … 大さじ ½

作り方

1 うずら卵水煮は水けをよくふく。

2 鍋に A を入れてひと煮立ちさせ、火を止める。冷めたら 1 を加え、冷蔵庫で 3 時間以上おく。

チーズ好きにはたまりません。

モッツァレラチーズのめんつゆ漬け

冷蔵 3〜4日
冷凍 NG

材料（作りやすい分量）

モッツァレラチーズ … 2 個（200g）
A めんつゆ（3 倍濃縮）、水…各½ カップ

作り方

1 モッツァレラチーズは水けをよくふく。

2 混ぜ合わせた A に 1 を入れ、冷蔵庫で半日以上おく。食べる分だけ、お好みの厚さに切り分け、残りは漬け汁に戻す。

冷蔵 3〜4日
冷凍 NG

みそはお好みのものを使って。

クリームチーズのみそ漬け

材料（6 個分）

クリームチーズ（個包装タイプ） … 6 個
A みそ … 大さじ 2½
　みりん … 小さじ 2

作り方

1 A は混ぜ合わせる。

2 ラップに 1 の ⅙ 量をぬり、クリームチーズ 2 個をのせ、1 の ⅙ 量をぬる。ラップでぴっちりと包み、同様にあと 2 つ作る。冷蔵庫で半日以上おく。

身近な食材を使った、かんたんなのにおいしいおつまみレシピをご紹介。
ビール、ワイン、日本酒などお好みのお酒に合わせて召し上がれ！

寿司酢としょうゆに漬けるだけ。

ししゃものピリ辛マリネ

材料（4 人分）

子持ちししゃも … 12 尾
玉ねぎ（せん切り）… ½ 個
塩、こしょう、薄力粉 … 各少々
サラダ油 … 大さじ 1
A 寿司酢 … ¾ カップ
しょうゆ … 小さじ ½
赤唐辛子（輪切り）… ½ 本分

作り方

1 ししゃもは塩、こしょうをふり、薄力粉をまぶす。
2 フライパンにサラダ油を熱し、1 を 4 ～ 5 分焼く。熱いうちに混ぜ合わせた A に入れ、冷蔵庫で 3 時間以上おく。

もっちりとした食感が最高！

たいの昆布締め

材料（4 人分）

たい（刺身用）… 1 さく（200g）
昆布（幅 10cm×長さ 15cm）… 2 枚
塩 … 適量
酒 … 大さじ 2

作り方

1 たいは両面に薄く塩をふって 10 分おき、余分な水けをふく。
2 キッチンペーパーに酒をふくませ、昆布の表面をふく。
3 2 で 1 をはさみ、ラップでぴっちりと包んで、冷蔵庫でひと晩以上おく。※冷凍した場合は自然解凍して食べる。

ごま油で炒めれば磯の風味がアップ。

わかめのしょうが炒め

材料（作りやすい分量）

カットわかめ（乾燥）… 10g
しょうが … 1かけ
ごま油 … 大さじ 1
しょうゆ … 大さじ 1 と ½
いりごま（白）… 大さじ 1

作り方

1 わかめは水に 5 分ほどつけてもどし、水けをよくきる。しょうがはせん切りにする。
2 フライパンにごま油としょうがを弱めの中火で熱し、香りが出たら、わかめを 2 分炒める。しょうゆで味をととのえ、ごまを混ぜる。

平日は

帰ってから作る

パパッと作れるのにめちゃうま！

かまぼこの明太青じそはさみ

材料（2人分）

かまぼこ … 4cm
青じそ … 4枚
辛子明太子 … ⅓～½腹

作り方

1 明太子は薄皮から身をこそげ出す。
2 かまぼこは4等分に切り、中心に切り込みを入れ、青じそ、1をはさむ。

こってり味が後を引きます。

ちくわのマヨ磯炒め

材料（2人分）

ちくわ … 4本
マヨネーズ … 大さじ1
A めんつゆ（3倍濃縮） … 大さじ⅔
　酒 … 大さじ½
青のり粉 … 小さじ½

作り方

1 ちくわは斜めひと口大に切る。
2 フライパンにマヨネーズを中火で熱し、1を炒める。全体に焼き色がついたら、Aを加えて全体にからめ、青のり粉をふる。

水菜はレンジで少しくたっとさせるのがコツ。

水菜のゆずこしょうマヨあえ

材料（2人分）

水菜 … 小2株
かに風味かまぼこ … 6本
A マヨネーズ、ごま油 … 各大さじ1と½
　ゆずこしょう … 小さじ½

作り方

1 水菜はざく切りにし、耐熱容器に入れてふんわりとラップをかけ、電子レンジで30秒加熱する。
2 かに風味かまぼこはさく。1にAとともに加えてあえる。

何個でも食べられちゃう！

しいたけのカマンベールチーズ焼き

材料（2人分）

しいたけ … 6個
カマンベールチーズ（個包装タイプ） … 3個
しょうゆ … 適量

作り方

1 しいたけは軸を除く。カマンベールチーズは横半分に切る。
2 しいたけにカマンベールチーズ1切れの切り口を下にしてのせ、押し込む。全部で6個作り、しょうゆ少量をたらしてオーブントースターで5～6分焼く。

無駄なく使いきれるヒミツがいっぱい！

Part.4
野菜のおかず

にんじん、ピーマン、ほうれん草、キャベツ、
大根、きのこ類など、おなじみの野菜を使った
栄養たっぷりのストック＆スピードおかず。
上手に活用すれば無駄に野菜を腐らせることなく、
すっきり使いきることができます。

にんじん

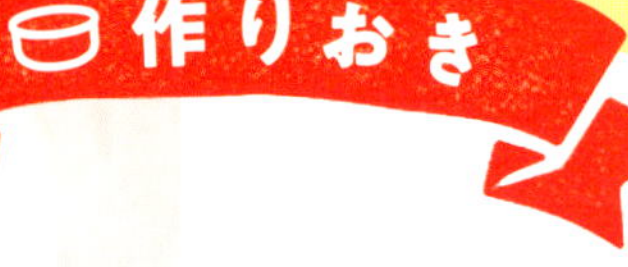

☑ **おいしく作りおくコツ！**

食感こそがおいしさのヒミツ。塩バター煮は**1cm厚さの輪切りにして煮すぎないように**、キャロットラペは**レンチンでくたっとさせてからマリネ**にします。

かんたん

冷蔵 4〜5日
冷凍 2週間

お肉料理のつけ合わせにぴったり！

にんじんの塩バター煮

材料（2人分）

にんじん…2本

A
- 水…1と½カップ
- 顆粒コンソメスープの素…小さじ⅔
- 砂糖…小さじ1

バター…5g
塩…小さじ¼

作り方

1 にんじんは1cm厚さの輪切りにする。

2 鍋ににんじん、Aを入れて火にかけ、沸騰したら落としぶたをしてやわらかくなるまで8〜10分煮る。仕上げにバター、塩で味をととのえる。

マリネ&サラダ

冷蔵 3〜4日
冷凍 2週間

オレンジジュースを入れてフルーティーに。

キャロットラペ

材料（4人分）

にんじん…2本

くるみ（素焼き・刻む）…30g
塩…小さじ¼
オリーブオイル…大さじ1

A
- オレンジジュース（果汁100%）…大さじ2
- オリーブオイル…大さじ2
- 酢…大さじ1
- こしょう…少々

作り方

1 にんじんをせん切りにして耐熱容器に入れる。塩、オリーブオイルを加え、ふんわりとラップをかけて電子レンジで2分加熱する。

2 にんじんの粗熱がとれたら、軽く汁けをきり、くるみ、混ぜ合わせたAであえ、冷蔵庫で2時間以上冷やす。

☑ 手早く作れるコツ！

マヨあえはスライサーで薄切りに、たらこ炒めはピーラーで薄くむきます。包丁で切るよりも火の通りが早いので、時短調理でも**にんじんの青臭さが気になりません。**

平日は

帰ってから作る

にんじんの余分な水けをきってからあえて。

にんじんのめんつゆマヨあえ

材料（2人分）

にんじん…1本

A
- マヨネーズ…大さじ1
- めんつゆ（3倍濃縮）…大さじ½
- かつお節…1パック（3g）

作り方

1. にんじんはスライサーで薄い輪切りにする。耐熱容器に入れてラップをふんわりとかけ、電子レンジで1分30秒加熱し、水けをきる。
2. 1に混ぜ合わせたAを加えてあえる。

4分でできる

超スピード

ピーラーで薄くむくと食べごたえが出ます。

にんじんのたらこ炒め

材料（2人分）

にんじん…1本

甘塩たらこ…½腹

サラダ油…大さじ½

酒…大さじ1

しょうゆ…小さじ1

作り方

1. にんじんはピーラーで幅が広めのリボン状に薄くむく。たらこは薄皮から身をこそげ出す。
2. フライパンにサラダ油を中火で熱し、にんじんを炒める。しんなりしてきたら、酒、たらこを加えて炒め合わせ、しょうゆを加えてひと混ぜする。

5分でできる

ボリューム

ブロッコリー

おいしく作りおくコツ！

ブロッコリーは**いつもより少しだけゆで時間を短くすると、作りおき向きに**。氷水でしめて水けをしっかりきってから保存すると、もちが違います。

休日は 作りおき

かんたん

冷蔵3日・冷凍2週間

すりごまをたっぷり加えておいしさをキープ。

ブロッコリーのごまみそあえ

材料（4人分）

ブロッコリー…1株

A みそ…大さじ1と½
　酒…大さじ1
　砂糖、みりん…各小さじ2

すりごま（白）…大さじ2

作り方

1 耐熱容器にAを混ぜ合わせ、ラップをかけずに電子レンジで20秒加熱し、ごまを混ぜる。

2 ブロッコリーは小房に分け、熱湯でかために1分塩ゆで（分量外）する。氷水にさらして水けをよくきり、1に加えてあえる。

マリネ&サラダ

冷蔵3〜4日・冷凍2週間（ドレッシングは冷蔵のみ）

ドレッシングは食べる直前にかけて。

ブロッコリーのシーザーサラダ風

材料（4人分）

ブロッコリー…1株

ブロックベーコン…100g

オリーブオイル…小さじ1

A プレーンヨーグルト、マヨネーズ…各大さじ2
　粉チーズ…大さじ1
　酢…小さじ2
　塩、粗びき黒こしょう…各適量

作り方

1 ブロッコリーは小房に分け、熱湯でかために1分塩ゆで（分量外）する。氷水にさらして水けをよくきる。

2 ベーコンは8㎜角の棒状に切る。フライパンにオリーブオイルを中火で熱し、焼き色がつくまで2分ほど焼く。

3 2が冷めたら1と合わせ、食べるときに混ぜ合わせたAをかける。

☑ **手早く作れるコツ！**

スピード調理のコツは**フライパン蒸し！ 少量の水と塩、オイルを加えてブロッコリーを蒸し焼きにして**、そのままフライパンで味つけまで一気に仕上げます。

帰ってから作る

超スピード

栄養を逃がさないおすすめの食べ方です。

蒸しブロッコリーのオイルがけ

材料（2人分）

ブロッコリー … ½ 株

A
- 水 … 大さじ 3
- オリーブオイル … 大さじ ½
- 塩 … ふたつまみ

オリーブオイル … 大さじ 1 と ½

作り方

1. ブロッコリーは小房に分ける。
2. フライパンに 1、A を入れて中火にかけ、ふたをして 2～3 分蒸し焼きにする。器に盛り、オリーブオイルをかける。

ボリューム

うまみのあるほたて缶でリッチな味わい。

ブロッコリーの中華炒め

材料（2人分）

ブロッコリー … ½ 株

ほたて水煮缶 … 1 缶（135g）

A
- 水 … 大さじ 3
- サラダ油 … 大さじ ½
- 塩 … ふたつまみ

B
- 酒 … 大さじ 1
- しょうゆ … 大さじ ½
- こしょう … 少々

ごま油 … 大さじ ½

作り方

1. ブロッコリーは小房に分ける。
2. フライパンに 1、A を入れて中火にかけ、ふたをして 2～3 分蒸し焼きにする。
3. 2 にほたて缶を缶汁ごと加え、B を加えて炒め合わせる。ごま油をまわし入れ、ざっと炒める。

ピーマン・パプリカ

✓ おいしく作りおくコツ！

ピーマンは**太めのせん切りにし、歯ごたえを残すようにさっと炒めましょう。パプリカはじっくり焼いて甘みを引き出してからマリネにする**のがコツ。

休日は 作りおき

お弁当のおかずに！

かんたん

冷蔵3〜4日
冷凍2週間

味だしになるかに風味かまぼこを加えて。

ピーマンのきんぴら

材料（4人分）

ピーマン…8個

かに風味かまぼこ（粗くさく）…3本

サラダ油…大さじ½

A
- 酒…大さじ1
- しょうゆ…大さじ1と½
- 砂糖…小さじ½

ごま油…小さじ1

作り方

1. ピーマンは太めのせん切りにする。
2. フライパンにサラダ油を中火で熱し、1を炒める。
3. ピーマンが少ししんなりしてきたら、かに風味かまぼこ、Aを加えて炒め合わせ、ごま油をまわし入れてざっと炒める。

マリネ&サラダ

冷蔵3〜4日
冷凍2週間

パプリカは手を水につけながらむくとかんたん！

焼きパプリカのマリネ

材料（4人分）

パプリカ（赤）…2個
パプリカ（黄）…2個

A
- 酢、オリーブオイル…各大さじ2
- 塩…小さじ¼
- 砂糖…ふたつまみ
- こしょう…少々

作り方

1. パプリカは縦半分に切ってから縦4等分に切る。
2. 魚焼きグリル（両面焼き）で1を8〜10分焼く。熱いうちに皮をむく。
3. 混ぜ合わせたAに2を加えてあえ、冷蔵庫で2時間以上冷やす。

☑ 手早く作れるコツ！

ピーマンは**小さめの乱切りにしてレンチンするだけ**で即１品ができあがり！　みそマヨ炒めは、**火の通りが早い厚揚げ**を組み合わせれば、食べごたえのあるおかずに。

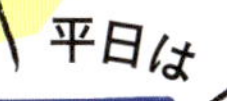

ピーマンのおかかあえ

超スピード

材料（２人分）

ピーマン … ４個

酒 … 小さじ１
みりん … 小さじ ½
かつお節 … １パック（3g）
しょうゆ … 小さじ１

作り方

1. ピーマンは小さめの乱切りにする。
2. 耐熱容器に1を入れ、酒、みりんをふる。ふんわりとラップをかけ、電子レンジで１分加熱し、しょうゆ、かつお節を混ぜる。

2分でできる

こってり濃厚な味わいが魅力です。

ピーマンと厚揚げのみそマヨ炒め

ボリューム

材料（２人分）

ピーマン … ４個

厚揚げ … １枚（200g）
サラダ油 … 大さじ ⅔
A マヨネーズ … 大さじ３
　みそ … 大さじ１
　みりん … 小さじ１

作り方

1. ピーマンは縦４～６等分に切り、厚揚げは横半分に切ってから1cm幅に切る。
2. フライパンにサラダ油を中火で熱し、ピーマンを炒める。ピーマンに油が回ったら、厚揚げを２分炒め、混ぜ合わせたAを加えて全体にからめる。

5分でできる

ミニトマト・トマト

☑ おいしく作りおくコツ！

ピクルスは**うずら卵と一緒に寿司酢と水に漬ける**だけ！ マリネにする場合は、**ミニトマトやモッツァレラチーズの水けをよくふく**と日持ちがよくなります。

休日は

作りおき

かんたん

冷蔵 5〜6日
冷凍 NG

うずら卵のムチッとした食感がたまりません。

ミニトマトとうずら卵のピクルス

材料（4人分）

ミニトマト…12個

うずら卵水煮…12個

A
- 寿司酢…3/4カップ
- 水…1/2カップ
- 粒黒こしょう…5〜6粒

作り方

1. ミニトマトは竹串で3〜4か所刺す。
2. Aに1、うずら卵を加え、冷蔵庫で半日以上おく。

マリネ&サラダ

冷蔵 2〜3日
冷凍 NG

食べるときにフレッシュバジルを添えても◎。

ミニトマトとチーズのマリネ

材料（4人分）

ミニトマト…12個

モッツァレラチーズ…1パック（100g）

A
- オリーブオイル…大さじ2
- レモン汁…大さじ1
- 塩、粗びき黒こしょう…各少々
- はちみつ…小さじ1/2

作り方

1. ミニトマトとモッツァレラチーズは水けをよくふく。モッツァレラチーズは8㎜厚さに切る。
2. 混ぜ合わせたAに1を加えてあえ、冷蔵庫で2時間以上冷やす。

☑ **手早く作れるコツ！**

トマトを**そのまま食べるなら、うまみの強い塩昆布であえ、加熱するなら強火でさっと炒めるのがポイント**。どちらも大きめに切りましょう。

平日は

帰ってから作る

あと１品足りないときにおすすめ！

トマトの塩昆布あえ

超スピード

2分でできる

材料（2人分）

トマト…2個

A 塩昆布（粗く刻む）、オリーブオイル …各大さじ1
砂糖…ひとつまみ

作り方

1 トマトは大きめのひと口大に切る。

2 ボウルにAを混ぜ合わせ、1を加えてあえる。

トマトは加熱すると甘みが増します。

トマトのふんわり卵炒め

ボリューム

4分でできる

材料（2人分）

トマト…2個

A 卵…2個
小ねぎ（小口切り）…3～4本
鶏ガラスープの素…小さじ½
塩、こしょう…各適量

ごま油…大さじ1

作り方

1 トマトは6等分のくし形切りにする。Aは混ぜ合わせる。

2 フライパンにごま油を熱し、強火でトマトを炒める。皮がめくれてきたら、Aを加えて大きくかき混ぜ、さっと火を通す。

アスパラガス

おいしく作りおくコツ！

アスパラガスは**かために塩ゆでするか、グリルで焼く場合は１本丸ごと焼いてから切る**と、歯ごたえが残ってうまみが逃げません。

休日は

作りおき

かんたん

調味料はめんつゆとすりごまだけ！

アスパラの焼きびたし

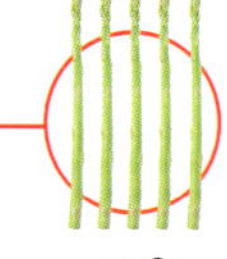

×２

材料（４人分）

アスパラガス…２束（10～12本）

A
- めんつゆ（3倍濃縮）、水…各大さじ２
- すりごま（白）…大さじ１

作り方

1. アスパラガスは根元を切り落とし、皮のかたい部分をピーラーでむく。
2. 魚焼きグリル（両面焼き）で1をときどき転がしながら３～４分焼き、長さを半分に切る。
3. 混ぜ合わせたAに2を加え、冷蔵庫で２時間以上おく。

冷蔵３日
冷凍NG

しょうが風味がgood!

マリネ&サラダ

塩ゆでして鮮やかさをキープ。

アスパラと生ハムのマリネ

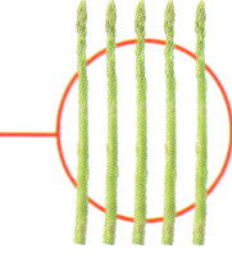

×２

材料（４人分）

アスパラガス…２束（10～12本）

生ハム…４枚

A
- しょうが（すりおろし）…½かけ
- オリーブオイル…大さじ２
- 酢…大さじ１
- はちみつ…小さじ½
- 塩、こしょう…各少々

作り方

1. アスパラガスは根元を切り落とし、皮のかたい部分をピーラーでむき、長さを３～４等分に切る。熱湯で１分30秒塩ゆで（分量外）し、水にさらして水けをきる。
2. 生ハムはひと口大に切る。
3. 混ぜ合わせたAに1、2を加えてあえ、冷蔵庫で２時間以上おく。

冷蔵３日
冷凍NG

☑ **手早く作れるコツ！**

スピード調理には**細めのアスパラガスを買うようにすれば**、炒める時間も焼く時間も短くて済みます。調味料はカレー粉やチーズなどパンチのあるものを使って。

\ 平日は /

帰ってから作る

シャキッとした歯ごたえが魅力です。

アスパラのカレーバター炒め

超スピード

材料（2人分）

アスパラガス…1束（5～6本）

バター…10g

A
- 酒…大さじ1
- カレー粉…小さじ¼

塩、こしょう…各少々

作り方

1. アスパラガスは根元を切り落とし、皮のかたい部分をピーラーでむき、斜め3～4等分に切る。
2. フライパンにバターを中火で熱し、1を1～2分炒める。全体に油が回ったら、Aを加えて炒め合わせ、塩、こしょうで味をととのえる。

粗びき黒こしょうをたっぷりとかけて。

アスパラのチーズ焼き

ボリューム

材料（2人分）

アスパラガス…1束（5～6本）

オリーブオイル…大さじ½

溶けるチーズ…40g

塩…小さじ¼

粗びき黒こしょう…適量

作り方

1. アスパラガスは根元を切り落とし、皮のかたい部分をピーラーでむく。
2. フライパンにオリーブオイルを中火で熱し、1を並べて1分ほど転がしながら焼く。塩をふって溶けるチーズをのせ、ふたをして2～3分蒸し焼きにし、粗びき黒こしょうをふる。

ほうれん草

休日は 作りおき

☑ **おいしく作りおくコツ！**
おひたしやサラダで作りおくなら、**ほうれん草のゆで時間は少し短めにして**。ツナサラダは**マヨネーズでコーティング**すれば水っぽくなりません。

かんたん

冷蔵3日 冷凍NG

仕上げにごま油を加えるのがコツ。

ほうれん草のおひたし

材料（4人分）

ほうれん草…2束（300g）

A
- だし汁…1と½カップ
- しょうゆ…小さじ2
- 砂糖…小さじ1

ごま油…小さじ1
かつお節…1パック（3g）

作り方

1. ほうれん草は茎、葉の順に熱湯で1分ほど塩ゆで（分量外）する。冷水にとって水けをしっかりと絞り、4cm長さに切り、保存容器に入れる。
2. 鍋にAを入れてひと煮立ちさせて火を止める。冷めたらごま油を加え、1に加えてかつお節をのせ、冷蔵庫で2時間以上おく。

マリネ&サラダ

冷蔵3日 冷凍NG

粒マスタードを加えると味がまとまります。

ほうれん草のツナマヨサラダ

材料（4人分）

ほうれん草…2束（300g）
ツナ油漬け缶（かたまりタイプ）…1缶（140g）
コーン（ドライパック）…大さじ1

A
- マヨネーズ…大さじ2と½
- 酢…大さじ1
- 粒マスタード…小さじ1
- はちみつ…小さじ½

塩、こしょう…各少々

作り方

1. ほうれん草は茎、葉の順に熱湯で1分ほど塩ゆで（分量外）する。冷水にとって水けをしっかりと絞り、4cm長さに切る。
2. Aは混ぜ合わせ、1、缶汁をきったツナ、コーンを加えてあえ、塩、こしょうで味をととのえる。

☑ 手早く作れるコツ！

すぐに食べたいけどアクが気になるほうれん草。**レンチンして水にさらせばお湯を沸かす手間も省けてラクチン**。歯ごたえもほどよく残り、栄養も逃がしません。

＼平日は／

帰ってから作る

献立に迷ったときの安心おかず。

ほうれん草の梅おかかあえ

超スピード

3分でできる

材料（2人分）

ほうれん草…1束（150g）

A 梅干し（種を除いてたたく）…1個
かつお節…小1パック（2g）
みりん（電子レンジで20秒加熱する）、しょうゆ…各小さじ1

作り方

1 ほうれん草はさっと水にくぐらせ、ラップで包んで電子レンジで1分30秒加熱する。すぐに流水にさらして水けをしっかりと絞り、4cm長さに切る。

2 混ぜ合わせたAで1をあえる。

ベーコンやハムをのせて焼いてもおいしい！

ほうれん草のココット

ボリューム

10分でできる

材料（2人分）

ほうれん草…1束（150g）

卵…1個
ウインナー…2本
溶けるチーズ…20g
塩、こしょう…各少々

作り方

1 ほうれん草はさっと水にくぐらせ、ラップで包んで電子レンジで1分30秒加熱する。すぐに流水にさらして水けをしっかりと絞り、3～4cm長さに切って塩、こしょうをふる。

2 ウインナーは斜め2～3等分に切る。

3 耐熱容器の周りに1を入れ、中心に卵を割り入れる。2、溶けるチーズをのせ、オーブントースターで7～8分焼く。

小松菜

✓ おいしく作りおくコツ！

ほうれん草と同じく、**少しかために塩ゆでをしてしっかりと水けを絞ります**。オイルで煮ると時間がたっても彩りのよさが続きます。

かんたん

冷蔵3〜4日
冷凍2週間

にんにくの香りが移って美味。

小松菜のオイル蒸し煮

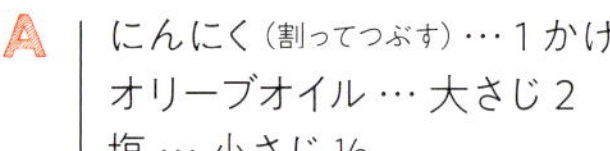

材料（4人分）

小松菜…2束（300g）

A
- にんにく（割ってつぶす）…1かけ
- オリーブオイル…大さじ2
- 塩…小さじ½

粗びき黒こしょう…少々

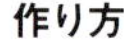

作り方

1. 小松菜は4cm長さに切る。
2. フライパンにAを入れて火にかけ、小松菜の茎、葉の順に入れ、ふたをして弱火で5分煮る。仕上げに粗びき黒こしょうをふる。

マリネ&サラダ

冷蔵3〜4日
冷凍NG

オイルをからめると時間がたってもツヤツヤ。

小松菜のダブルチーズサラダ

材料（4人分）

小松菜…2束（300g）

プロセスチーズ（個包装タイプ・1cm角に切る）…3個

A
- オリーブオイル…大さじ2
- 塩…小さじ¼
- 粗びき黒こしょう…少々

粉チーズ…大さじ1

作り方

1. 小松菜は茎、葉の順に熱湯でかために塩ゆで（分量外）する。冷水にとって水けをしっかりと絞り、4cm長さに切る。
2. Aは混ぜ合わせ、1、プロセスチーズとあえ、仕上げに粉チーズを混ぜる。

☑ 手早く作れるコツ！

時間がないときは**レンジやフライパン調理がおすすめ**。のりであえるとミネラルたっぷりのおかずに。ちくわと焼き肉のたれと合わせれば、食べごたえのある炒め物になります。

平日は

帰ってから作る

焼きのりはちぎって香りを出します。

小松菜の焼きのりあえ

材料（2人分）

小松菜…1束（150g）

A
- 焼きのり（全形）…1～2枚（ちぎる）
- ごま油、いりごま（白）…各大さじ1
- 塩…小さじ¼

作り方

1 小松菜はさっと水にくぐらせ、ラップで包んで電子レンジで1分30秒加熱する。すぐに流水にさらして水けをしっかりと絞り、3～4cm長さに切る。

2 焼きのりは手でちぎり、1にAとともに加え、よくあえる。

3分でできる

超スピード

焼き肉のたれは時短調理の必需品！

小松菜の焼き肉たれ炒め

材料（2人分）

小松菜…1束（150g）

ちくわ…2本
サラダ油…大さじ1
焼き肉のたれ…大さじ1

作り方

1 小松菜は5cm長さに切り、茎と葉に分ける。

2 ちくわは縦半分に切ってから4つ割りにする。

3 フライパンにサラダ油を中火で熱し、1の茎、ちくわを炒める。油が回ったら、葉も加えて炒め合わせ、焼き肉のたれで調味する。

4分でできる

ボリューム

チンゲン菜

休日は

作りおき

☑ おいしく作りおくコツ！

ナムルが日ごとに水っぽくなるとがっかり！ でも**茎、葉の順に少しだけかためにゆでてからオイルをまぶせば**、できたてのおいしさが続きます。

かんたん

冷蔵3日・冷凍2週間

葉と茎は時間差でさっとゆでるのがコツ。

チンゲン菜のナムル

材料（4人分）

チンゲン菜…4株

A
- にんにく（すりおろし）…½かけ
- すりごま（白）、ごま油…各大さじ2
- しょうゆ…小さじ2
- 鶏ガラスープの素…小さじ1と½

作り方

1 チンゲン菜は茎と葉に分け、ざく切りにする。熱湯で茎、葉の順に1～2分塩ゆで（分量外）し、冷水にとって水けをしっかりと絞る。

2 Aを混ぜ合わせ、1とあえる。

マリネ&サラダ

冷蔵3日・冷凍NG

桜えびのうまみがアクセント！

炒めチンゲン菜と春雨のサラダ

材料（4人分）

チンゲン菜…3株

春雨（ショートタイプ・乾燥）…20g
桜えび（乾燥・粗く刻む）…大さじ2
サラダ油…大さじ1
塩…少々

A
- ポン酢しょうゆ…大さじ2
- サラダ油、ごま油…各大さじ1
- 砂糖…小さじ½

作り方

1 春雨は熱湯に4分つけてもどし、水で洗って水けをよくふく。チンゲン菜は縦半分に切ってから8㎜幅の斜め切りにする。

2 フライパンにサラダ油を中火で熱し、チンゲン菜の茎、葉の順に2分炒め、塩をふり、取り出す。

3 2のフライパンに桜えび、Aを加えて炒め、桜えびの香りが出たら火を止める。春雨、2とあえる。

☑ **手早く作れるコツ！**

下ゆでの必要がないチンゲン菜はスピードおかずの応援団！　ゆでるときと同様に**茎、葉の順にさっと炒め、しゃっきり感を残す**ようにしましょう。

帰ってから作る

カルシウム不足が補えるサブおかず！

チンゲン菜のじゃこ炒め

超スピード

4分でできる

材料（2人分）

チンゲン菜…2株

ちりめんじゃこ…大さじ2
サラダ油…大さじ1
A　酒…大さじ1
　　顆粒和風だしの素…小さじ1
しょうゆ…小さじ2

作り方

1 チンゲン菜は茎と葉に分け、茎は縦6等分に切り、葉はざく切りにする。

2 フライパンにサラダ油を中火で熱し、じゃこを炒める。カリカリになってきたら、チンゲン菜の茎、葉の順に炒める。全体に油が回ったら、Aを加え、しょうゆで味をととのえる。

生クリームで濃厚に仕上げます。

チンゲン菜のクリーム炒め

ボリューム

5分でできる

材料（2人分）

チンゲン菜…2株

ハム…4枚
サラダ油…大さじ1
A　生クリーム（乳脂肪分45％）…½カップ
　　鶏ガラスープの素…小さじ1
塩、こしょう…各少々
水溶き片栗粉
　　片栗粉…小さじ1
　　水…小さじ1

作り方

1 チンゲン菜は葉と茎に分け、ざく切りにする。ハムは1cm幅に切る。

2 フライパンにサラダ油を中火で熱し、チンゲン菜を茎、葉の順に加え、ハムも炒める。

3 全体に油が回ったら、Aを加えて塩、こしょうで味をととのえ、水溶き片栗粉でとろみをつける。

さやいんげん・スナップエンドウ

☑ **おいしく作りおくコツ！**
スナップエンドウやさやいんげんのサクッとした食感を長持ちさせるには **ゆで時間は1分30秒～3分を目安に**ゆですぎに注意して。

休日は 作りおき

味がしみしみ！

かんたん

冷蔵3～4日
冷凍NG

いんげんは縦半分に切ると味がよくしみます。

いんげんのだし漬け

材料（4人分）

さやいんげん … 14～16本

A
- だし汁 … 1カップ
- しょうが（すりおろし）… ½かけ
- しょうゆ、みりん（電子レンジで20秒加熱する）… 各小さじ2

作り方

1. さやいんげんはへたを除き、熱湯で2～3分塩ゆで（分量外）し、水にさらして水けをきる。縦半分に切ってから長さを半分に切る。
2. 混ぜ合わせたAに1を加え、冷蔵庫で2時間以上漬ける。

マリネ＆サラダ

冷蔵3日
冷凍2週間

おもてなしにも向く華やかな作りおき。

スナップエンドウとサーモンのマリネ

材料（4人分）

スナップエンドウ … 20さや

スモークサーモン … 50g

A
- オリーブオイル … 大さじ2
- 酢 … 小さじ2
- 砂糖 … ふたつまみ
- 塩、こしょう … 各少々

粉チーズ … 大さじ1

作り方

1. スナップエンドウはへたと筋を除き、熱湯で1分30秒塩ゆで（分量外）し、冷水にとって水けをきる。スモークサーモンは食べやすい大きさに切る。
2. 混ぜ合わせたAに1を加えてあえ、粉チーズを混ぜ、冷蔵庫で2時間以上おく。

☑ 手早く作れるコツ！

さやいんげんは下ゆでなしで炒めてOK。**短めの斜め切りにして蒸し焼きにすれば、早く火が通ります**。さつま揚げのほか、ひき肉や魚の缶詰などと一緒に炒めてもおいしい！

帰ってから作る

クリーミーなたれと相性バッチリ！

スナップエンドウのみそマヨがけ

超スピード

材料（2人分）

スナップエンドウ…10さや

A マヨネーズ…大さじ2
牛乳、みそ…各大さじ1

作り方

1 スナップエンドウはへたと筋を除き、熱湯で1分30秒塩ゆで（分量外）する。冷水にとって水けをきり、斜め半分に切って器に盛る。

2 混ぜ合わせAを1にかける。

おなかも大満足の甘辛味！

いんげんのさつま揚げ炒め

ボリューム

材料（2人分）

さやいんげん…7～8本

さつま揚げ…1枚
サラダ油…大さじ½
酒…大さじ1

A 顆粒和風だしの素…小さじ½
しょうゆ、みりん…各小さじ2

作り方

1 さやいんげんはへたを除いて3等分の斜め切り、さつま揚げは5㎜幅に切る。

2 フライパンにサラダ油を中火で熱し、さやいんげんを炒める。全体に油が回ったら、酒を加えて2分ほど蒸し焼きにする。

3 2にさつま揚げを加えて炒め合わせ、Aを全体にからめる。

きゅうり

☑ **おいしく作りおくコツ！**

水っぽくなりがちなきゅうりは、**発酵パワーを借りておいしく保存**します。**塩麹やビールで漬ければ**、かんたん&時短で味が決まります。

休日は

作りおき

かんたん

冷蔵3〜4日
冷凍NG

ごま油で風味づけすると味わいアップ。

きゅうりの塩麹漬け

材料（4人分）

きゅうり…3本

A | 塩麹…大さじ3
ごま油…小さじ1

作り方

1 きゅうりは塩（分量外）をふって板ずりし、半分に切ってから縦4等分に切る。

2 ポリ袋に1、Aを入れてもみ混ぜ、冷蔵庫で2時間以上おく。

アレンジ
にんじんや大根を一緒に漬けてもおいしい！

ポリポリの歯ごたえ！

マリネ&サラダ

冷蔵4〜5日
冷凍NG

ビールの苦みが抜けてうまみだけが残ります。

きゅうりのビール漬けマリネ

材料（4人分）

きゅうり…3本

A | ビール…½カップ
砂糖…大さじ3
塩…大さじ½

作り方

1 きゅうりはピーラーで格子状に皮をむき、塩（分量外）をふって板ずりし、長さを6等分に切る。

2 ポリ袋またはボウルにAを入れてよく溶かし、1を加えて冷蔵庫で半日以上おく。

☑ 手早く作れるコツ！

浅漬けやサラダに飽きたら、冷蔵庫にある調味料を活用して。鶏**ガラスープや焼き肉のたれを使った「無限レシピ」**は、やみつきになること間違いなし！

帰ってから作る

間違いないおいしさです。

やみつききゅうり

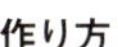

材料（2人分）

きゅうり…1本

A | ごま油、しょうゆ、
　いりごま（白）…各小さじ1
　鶏ガラスープの素…小さじ½

作り方

1 きゅうりはポリ袋に入れてめん棒でたたく。手でひと口大にちぎり、Aとあえる。

ごはんに合うスピードおかずです。

きゅうりのこっくり炒め

材料（2人分）

きゅうり…2本

ハム…4枚
しょうが（みじん切り）…小さじ1
サラダ油…小さじ2

A | 焼き肉のたれ…大さじ2
　酒…大さじ1

作り方

1 きゅうりは縦半分に切ってから8㎜幅の斜め切りにする。ハムは半分に切ってから1.5㎝幅に切る。

2 フライパンにサラダ油を中火で熱し、しょうがを炒め、香りが出たらきゅうりを加えて強火で1分ほど炒める。少ししんなりしたら、Aを加えて全体にからめる。

なす

おいしく作りおくコツ！

なすを作りおくなら煮物やマリネがおすすめ。煮物は**めんつゆでかんたんに味つけ**、マリネは**酢とナンプラーをきかせて**日持ちよくさせます。

休日は 作りおき

かんたん

冷蔵 3～4日
冷凍 NG

めんつゆで煮たとは思えないほど上品な味わい。

なすのめんつゆ煮

材料（4人分）

なす…6本

A | 水…1カップ
  | めんつゆ（3倍濃縮）…1/2カップ

かつお節…1パック（3g）

作り方

1 なすは縦半分に切ってから斜めに細かく切り込みを入れ、水にさらして水けをきる。

2 フライパンにA、1を入れて火にかける。沸騰したらかつお節を加え、落としぶたをして弱火で8～10分煮る。火を止めてそのまま冷ます。

マリネ&サラダ

冷蔵 3日
冷凍 2週間

とろけるなすに桜えびのうまみがからんで美味。

焼きなすのエスニックマリネ

材料（4人分）

なす…6本

小ねぎ（小口切り）…1/3束
桜えび（乾燥）…大さじ1
にんにく（みじん切り）…小1かけ
サラダ油…大さじ3

A | 酢…大さじ3
  | ナンプラー…大さじ1と1/2
  | 砂糖…大さじ1

作り方

1 なすは1cm厚さの輪切りにし、水にさらして水けをきる。フライパンにサラダ油大さじ2を熱し、なすの両面を2～3分焼き、保存容器に移す。

2 1のフライパンに残りのサラダ油、にんにく、桜えびを入れて弱めの中火にかける。香りが出たら、Aを加え、砂糖が溶けたら、小ねぎを加えてすぐ火を止める。

3 1に2をかけてなじませ、冷めたら冷蔵庫で2時間以上おく。

☑ **手早く作れるコツ！**

なすはレンジ調理にぴったりの食材！ **調味料と一緒にレンチンするだけ**で、とってもふっくら&ジューシーに仕上がります。**油を上手に使えば**、短時間でもコク深い味わいに。

＼平日は／

帰ってから作る

とにかく食べ出したら箸が止まりません。

レンチン無限なす

超スピード

6分でできる

材料（2人分）

なす…2本

ツナ油漬け缶（フレークタイプ）…1缶（70g）

A ごま油、酒、いりごま（白）…各大さじ1
鶏ガラスープの素…小さじ2
砂糖…ひとつまみ

作り方

1 なすは8mm厚さの斜め切りにしてから細切りにする。

2 耐熱ボウルに1、缶汁を軽くきったツナ、Aを入れて全体に混ぜる。ふんわりとラップをかけて電子レンジで4分30秒加熱し、軽く混ぜる。

そのままごはんにのせて丼にしても。

なすとひき肉のレンチン炒め

ボリューム

10分でできる

材料（2人分）

なす…3本

豚ひき肉…120g

ごま油…小さじ1

A しょうが（みじん切り）…½かけ
酒…大さじ1
みそ…大さじ½
しょうゆ、砂糖、片栗粉…各小さじ1
鶏ガラスープの素…小さじ½
ラー油（お好みで）…適量

作り方

1 なすは小さめの乱切りにし、ごま油をまぶす。

2 耐熱ボウルにひき肉、Aを入れてよく混ぜ、ふんわりとラップをかけて電子レンジで2分加熱する。取り出して混ぜ、1をのせて同様に6分加熱し、よく混ぜる。

キャベツ

☑ おいしく作りおくコツ！

キャベツは**大きめに切ってスープ煮**にしておけば、時間がたつほどに**ベーコンのうまみが移って**おいしくなります。

休日は 作りおき

かんたん

冷蔵3〜4日・冷凍2週間

見た目もボリュームがあって食べごたえ十分！

キャベツとベーコンのスープ煮

材料（4人分）

キャベツ … 1/2個

ブロックベーコン … 180g

A ｜水 … 1と1/2カップ
｜顆粒コンソメスープの素 … 小さじ1

オリーブオイル … 大さじ1

しょうゆ … 小さじ1

バター … 5g

作り方

1 キャベツは芯を除き、4等分に切る。ベーコンは3cm角に切る。

2 フライパンにオリーブオイルを中火で熱し、キャベツ、ベーコンの表面を焼く。焼き色がついたらAを加え、ふたをして弱めの中火で5〜6分蒸し煮にする。しょうゆ、バターで味をととのえる。

マリネ&サラダ

パンにはさんでも！

冷蔵3〜4日・冷凍2週間

コーン入りでお子さんでも食べやすい！

コールスロー

材料（4人分）

キャベツ … 1/2個

コーン（ドライパック）… 大さじ2

A ｜オリーブオイル … 大さじ2
｜酢、マヨネーズ、粉チーズ … 各大さじ1

作り方

1 キャベツはせん切りにし、塩小さじ1/2（分量外）をふって5分おく。しんなりしてきたら、水けをよく絞る。

2 混ぜ合わせたAで1、コーンをあえ、冷蔵庫で2時間以上おく。

☑ 手早く作れるコツ！

手でひと口大にちぎって塩とごま油であえれば、箸が止まらないおいしさに！ **大きめにカットしてまるごとフライパンで蒸し焼き**にすれば、ボリューム満点のひと皿が完成します。

平日は

帰ってから作る

ペロリと食べられちゃう！

やみつきキャベツ

材料（2人分）

キャベツ … 1/4 個

塩 … 小さじ 1/4

A
- ごま油 … 大さじ 1 と 1/2
- いりごま（白）… 大さじ 1

作り方

1 キャベツは手でひと口大にちぎる。

2 1 に塩をふって軽くもみ、少ししんなりしてきたら、A を加えてあえる。

温泉卵をくずしながら食べて！

焼きキャベツの温泉卵のせ

材料（2人分）

キャベツ … 1/4 個

温泉卵 … 1 個

サラダ油 … 大さじ 1

塩、こしょう … 各少々

水 … 大さじ 1

作り方

1 キャベツは芯を除いて半分に切る。

2 フライパンにサラダ油を中火で熱し、キャベツの断面に焼き色をつける。塩、こしょう、水をふり、ふたをして弱めの中火で 3 ～ 4 分蒸し焼きにする。

3 器に 2 を盛り、温泉卵をのせる。

大根

おいしく作りおくコツ！

昆布入りのおだしで煮るだけでやさしい味の長持ちおかずに。**ほたて缶の缶汁を余すことなく使うマリネ**は、かんたんでうまみもたっぷり！

休日は

作りおき

かんたん

冷蔵 4〜5日
冷凍 NG

おだしが大根の中までしっかりとしみています。

大根のだし煮

材料（4人分）

大根 … 1/2 本

だし汁 … 2と1/4 カップ

昆布（2cm四方）… 2 枚

A
- しょうゆ … 大さじ 1
- 砂糖 … 小さじ 1
- 塩 … 小さじ 1/4

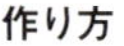

作り方

1. 大根は 2cm厚さの輪切りにし、皮をむいて面取りをし、十文字の切り込みを入れる。
2. 鍋に大根、だし汁、昆布を入れて中火にかけ、沸騰したら落としぶたをして弱火で 20 分ほど煮る。
3. 大根に竹串を刺してスッと通るようになったら、A を加えて弱火で 10 分ほど煮てそのまま冷ます。

マリネ＆サラダ

冷蔵 3〜4日
冷凍 NG

ほたて缶は炒めてうまみを凝縮させるのがコツ。

大根とほたて缶のマリネ

材料（4人分）

大根 … 1/3 本

ほたて水煮缶 … 1 缶（135g）

長ねぎ（粗みじん切り）… 1/3 本

塩 … 小さじ 1

サラダ油 … 大さじ 1/4

A
- オリーブオイル … 大さじ 2
- 塩、こしょう … 各少々

作り方

1. 大根はスライサーで薄切りにし、塩をふって軽くもみ、水分が出てきたら水けをよく絞る。
2. フライパンに缶汁ごとほたて缶を入れ、長ねぎ、サラダ油も加え、中火で汁けがなくなるまで炒める。
3. 1 と 2 を A であえ、冷蔵庫で 2 時間以上おく。

☑ **手早く作れるコツ！**

時間がないときは**大根を薄いいちょう切りにしてお肉と炒めれば、あっという間にメインディッシュの完成**。皮ごと使ってもOKです。

帰ってから作る

ポン酢を使った時短サラダ。

大根とツナのサラダ

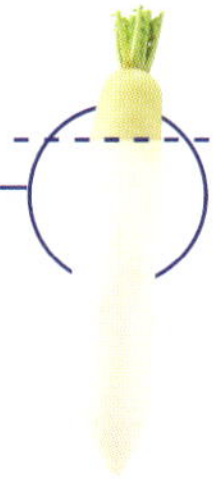

超スピード

3分でできる

材料（2人分）

大根…3cm（300g）

ツナ油漬け缶（フレークタイプ）…1缶（70g）

A | ポン酢しょうゆ…大さじ1と¼
  | ごま油…大さじ⅔

刻みのり…適量

作り方

1 大根は縦薄切りにしてから細切りにする。

2 ツナ缶は缶汁をきり、Aと混ぜ合わせる。

3 器に1を盛り、2と刻みのりをのせる。

ごはんがすすむこってり甘辛味。

豚バラ大根

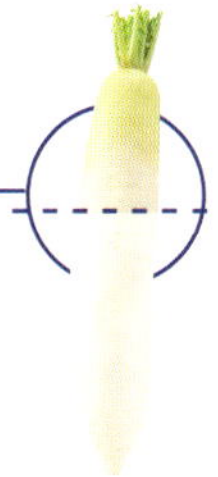

ボリューム

6分でできる

材料（2人分）

大根…⅓本

豚バラ薄切り肉…150g

サラダ油…大さじ¼

砂糖…小さじ2

酒…大さじ1

しょうゆ…大さじ2

作り方

1 大根は8mm厚さのいちょう切りにする。豚肉は3cm幅に切る。

2 フライパンにサラダ油を中火で熱し、豚肉を炒める。肉の色が変わったら、大根を透き通るまで炒める。

3 余分な脂をふき、砂糖を加えて全体になじんだら、酒、しょうゆを全体に煮からめる。器に盛り、お好みで小ねぎを添える。

白菜

おいしく作りおくコツ！

水キムチは、つけ汁に上新粉や米粉などは使わず、**お米のとぎ汁でかんたんに作れます**。冷蔵庫で5日ほどもつのもうれしい。

休日は

作りおき

かんたん

きゅうりや大根、にんじんを加えても◎。

白菜の水キムチ

材料（作りやすい分量）

白菜…½株

りんご（いちょう切り）…¼個
しょうが（薄切り）…1かけ
塩…小さじ2

A
- 米のとぎ汁…2カップ
- 塩…小さじ1と¼
- 砂糖…小さじ1

作り方

1. 鍋にAを入れてひと煮立ちさせる。冷めたらポリ袋か保存容器に入れる。
2. 白菜はざく切りにし、塩をふって10分おく。よくもんでざっと洗い、水けを絞る。
3. 1に2、りんご、しょうがを加え、冷蔵庫でひと晩以上おく。

マリネ&サラダ

レモンのさわやかな酸味がマッチ！

白菜とハムのマリネ

材料（4人分）

白菜…¼株

ハム（1cm幅に切る）…4枚
レモン（薄いいちょう切り）…3枚
塩…小さじ1

A
- オリーブオイル…大さじ2
- 塩…小さじ¼
- 砂糖…ふたつまみ
- 粗びき黒こしょう…適量

作り方

1. 白菜は1.5cm幅に切り、塩をふって10分おく。よくもんでざっと洗い、水けを絞る。
2. 混ぜ合わせたAに1、ハム、レモンを加えてあえる。

☑ 手早く作れるコツ！

生で食べるなら**細切りにしてかつお節、オイル、塩**であえてみて。加熱するなら**大きめに切って、豚バラ肉と重ねてレンチン**すれば、サクサクの歯ごたえが楽しめます。

＼平日は／

帰ってから作る

思い立ったらすぐ作れる！

白菜のおかかあえ

材料（2人分）

白菜…1/8株

A
かつお節…1パック（3g）
オリーブオイル…大さじ1
塩…少々

作り方

1 白菜は細切りにし、Aとあえる。

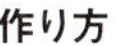

豚バラのうまみがじゅわ〜。

白菜のレンジミルフィーユ

材料（2人分）

白菜（外葉）…4〜5枚

豚バラ薄切り肉…200g

A
酒…大さじ1
顆粒和風だしの素、しょうゆ…各小さじ1
塩…小さじ¼
こしょう…少々

作り方

1 白菜は4cm幅に切り、耐熱容器に並べる。豚肉は長さを半分に切り、白菜の間に入れ込む。

2 Aをふり、ふんわりとラップをかけて電子レンジで6分加熱し、そのまま1分ほど蒸らす。

れんこん

休日は

作りおき

☑ おいしく作りおくコツ！

れんこんは**甘酢漬けやマリネにして作りおきしておくと**、おいしさが長持ちします。焼きたてのれんこんをマリネ液であえると味がしみしみに！

かんたん

体をしゃっきりさせたいときにおすすめです。

酢れんこん

冷蔵 1 週間
冷凍 NG

材料（作りやすい分量）

れんこん…1節（300g）

A
- 水…1カップ
- 酢…¼ カップ
- 砂糖…大さじ 3
- 塩…小さじ ⅓

作り方

1. れんこんは皮をむいて 5㎜厚さの輪切りにし、半分に切り、酢水（分量外）に 3 分さらす。
2. 鍋に A を入れて煮立て、砂糖と塩をよく溶かして冷ます。1 を加えて冷蔵庫でひと晩おく。

マリネ&サラダ

焼きたてをマリネ液とあえるのがポイント。

焼きれんこんのマリネ

冷蔵 4~5 日
冷凍 NG

材料（作りやすい分量）

れんこん…1節（300g）

- 切り落としベーコン…30g
- エリンギ（縦半分に切って縦 4 等分に切る）…2 本
- オリーブオイル…大さじ 1
- 塩、粗びき黒こしょう…各適量

A
- オリーブオイル…大さじ 1 と ½
- 酢…大さじ 1
- しょうゆ…大さじ ¼
- 砂糖…小さじ ½

作り方

1. れんこんは皮をむいて 5㎜厚さの輪切りか半月切りにし、酢水（分量外）に 3 分さらす。
2. フライパンにオリーブオイルを中火で熱し、れんこん、エリンギ、ベーコンの順に入れて 2～3 分焼き、塩、粗びき黒こしょうをふる。
3. 混ぜ合わせた A に 2、お好みでドライパセリを加えてあえ、冷蔵庫で 2 時間以上おく。

☑ 手早く作れるコツ！

れんこんは**薄い半月切りかいちょう切りにすれば**、スピーディーに火が通ります。明太マヨあえは**水にさらさず、酢を入れた熱湯でれんこんを1～2分ゆでるだけ**でOK。

帰ってから作る

もっちりとした口当たりが最高です。

ゆでれんこんの明太マヨあえ

材料（2人分）

れんこん … ½ 節(150g)

辛子明太子 … ¼ 腹（30g）

マヨネーズ … 大さじ1

作り方

1. れんこんは皮をむいて薄いいちょう切りにする。酢小さじ1（分量外）を加えた熱湯で1～2分ゆで、水にさらし、水けをきる。
2. 明太子は薄皮から身をこそげ出し、マヨネーズと混ぜ、1とあえる。

缶詰のうまみエキスをからめながら炒めます。

れんこんのコンビーフ炒め

材料（2人分）

れんこん … ½ 節 (150g)

コンビーフ缶 … ½ 缶（50g）

サラダ油 … 大さじ ¼

A
- 酒 … 大さじ1
- 顆粒和風だしの素 … 小さじ1
- 砂糖 … ひとつまみ
- 塩 … 少々

作り方

1. れんこんは皮をむいて薄い半月切りにする。コンビーフはほぐす。
2. フライパンにサラダ油を中火で熱し、れんこんを炒める。れんこんが透き通ってきたら、コンビーフを加えて炒め合わせ、Aで調味する。

かぶ

☑ **おいしく作りおくコツ！**

かぶのとろみ煮は**火を通しすぎないように煮て、水溶き片栗粉で強めにとろみをつける**のがコツ。またマリネは時間をおくことで味がどんどんなじみます。

休日は

かんたん

かぶの甘みが口いっぱいに広がります。

かぶのとろみ煮

材料（4人分）

かぶ … 4～5個

かに風味かまぼこ（粗くさく）… 3本

A
- だし汁 … 1カップ
- しょうゆ … 大さじ1と¼
- 酒 … 大さじ1
- 砂糖 … 小さじ2

水溶き片栗粉
- 片栗粉、水 … 各大さじ1

作り方

1. かぶは皮をむいて4等分に切る。
2. 鍋にA、1を入れて中火にかけ、煮立ったら落としぶたをして弱火で7～8分煮る。
3. 2にかに風味かまぼこを加えて1～2分煮て、水溶き片栗粉でとろみをつける。

マリネ&サラダ

生ハムをはさんでもおいしいです。

かぶとサーモンのマリネ

材料（2～3人分）

かぶ … 3個

スモークサーモン（ひと口大に切る）… 70g

A
- オリーブオイル … 大さじ2
- レモン汁 … 大さじ1
- 塩、こしょう … 各少々

作り方

1. かぶは皮をむいて3mm厚さの薄切りにする。
2. かぶ2枚でスモークサーモン1切れをはさみ、保存容器に並べ入れる。
3. 2に混ぜ合わせたAをまわしかけ、冷蔵庫で2時間以上おく。

☑ 手早く作れるコツ！

かぶは**スライスサーを使えば薄切りもラクチン！** 加熱する場合は、**蒸し焼きにすると火の通りが早くなり**、甘みも増しておいしく仕上がります。

平日は

帰ってから作る

おうち飲みのスピード前菜にぴったり。

かぶとほたてのカルパッチョ

材料（2人分）

かぶ … 2個

ほたて（刺身用）… 4個

A | オリーブオイル … 大さじ2
  | しょうゆ … 小さじ1
  | 塩 … 少々

粗びき黒こしょう … 適量

作り方

1. かぶは皮をむいてスライサーで薄切りにし、ほたては厚みを3等分に切る。
2. 器にかぶとほたてを交互に広げて並べ、混ぜ合わせたAをまわしかけ、粗びき黒こしょうをふる。

かぶの葉を一緒に炒めれば彩りもアップ。

かぶとベーコンのみそ炒め

材料（2人分）

かぶ … 2個

ブロックベーコン … 100g

バター … 5g

酒 … 大さじ1と½

A | 水、みそ … 各大さじ1
  | 砂糖 … 小さじ1

作り方

1. かぶは茎を少し残して葉と実に分け、実は皮をむいて4等分に切り、葉は4cm長さに切る。ベーコンは1cm角の拍子木切りにする。
2. フライパンにバターを中火で熱し、ベーコンを炒める。焼き色がついたら、かぶの実を加え、表面に焼き色がついたら、酒をふってふたをし、弱火でときどきフライパンをゆすりながら3分蒸し焼きにする。
3. 2にかぶの葉を加えてさっと炒め、混ぜ合わせたAも加えて全体にからめる。

玉ねぎ

おいしく作りおくコツ！

玉ねぎは煮物やマリネにして保存するとおいしさが続きます。**めんつゆ煮は横半分に切って煮るだけ**で、小さなおかずができあがり。

休日は 作りおき

かんたん

煮汁にめんつゆと水だけで手間いらず。

玉ねぎと桜えびのめんつゆ煮

材料（4人分）

玉ねぎ…4個

桜えび（乾燥）…大さじ1

A めんつゆ（3倍濃縮）…1/4カップ
水…3/4カップ

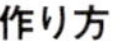

作り方

1 玉ねぎは横半分に切り、はずれないように真ん中を爪楊枝で留める。

2 鍋に1、桜えび、Aを入れて中火にかける。煮立ったら落としぶたをして弱火にし、20～25分煮る。

マリネ&サラダ

サンドイッチにはさんでもおいしい！

玉ねぎとベーコンのカレーマリネ

材料（4人分）

玉ねぎ…3個

スライスベーコン（細切り）…4枚

塩…小さじ1/4

オリーブオイル…小さじ2

A オリーブオイル…大さじ4
酢…大さじ2
砂糖…小さじ1
カレー粉、塩…各小さじ1/4

作り方

1 玉ねぎは薄切りにし、塩をふってもみ、水に5分ほどさらして水けをよく絞る。

2 フライパンでオリーブオイルを中火で熱し、ベーコンを軽く焼き色がつくまで炒め、キッチンペーパーで油をきる。

3 混ぜ合わせたAに1、2を加えてよくあえ、冷蔵庫で2時間以上おく。

☑ 手早く作れるコツ！

玉ねぎは**レンチン2分ほどで辛みがやわらぐ**ので、ポン酢をかければ速攻でサラダが完成。食材がない日には、**ハムとチーズさえあれば**玉ねぎのステーキで乗りきれます！

平日は

帰ってから作る

さっと作れて体にもうれしい副菜！

玉ねぎのポン酢あえ

超スピード

4分でできる

材料（2人分）

玉ねぎ…1個

塩…少々

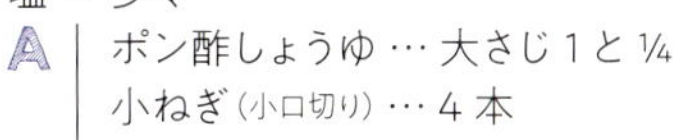

A
- ポン酢しょうゆ…大さじ1と¼
- 小ねぎ（小口切り）…4本
- かつお節…1パック（3g）

作り方

1. 玉ねぎはスライサーで薄切りにする。耐熱容器に塩とともに入れ、ふんわりとラップをかけて電子レンジで2分加熱する。
2. 1を洗って水けをよく絞り、Aであえる。

蒸し焼きにして玉ねぎの甘みを引き出して。

玉ねぎとハムのステーキ

ボリューム

7分でできる

材料（2人分）

玉ねぎ…1個

- ハム（半分に切る）…2枚
- スライスチーズ（半分に切る）…2枚
- オリーブオイル…大さじ1
- 塩、こしょう…各少々
- 酒…大さじ1

作り方

1. 玉ねぎは横4等分の輪切りにし、はずれないように真ん中を爪楊枝で留める。
2. フライパンにオリーブオイルを弱めの中火で熱し、1を入れて塩、こしょうをふり、両面に焼き色をつける。酒をふってふたをして3～4分蒸し焼きにする。
3. 2にハムとスライスチーズをのせ、再びふたをしてチーズがとろりとするまで焼く。器に盛り、お好みで粗びき黒こしょうをふる。

かぼちゃ

おいしく作りおくコツ！

かぼちゃのきんぴらは、**甘辛い味つけにして**おいしさを長持ちさせて。かぼちゃのサラダは、**ゆでるよりもレンチンしたほうが**水っぽくなりません。

休日は 作りおき

かんたん

冷蔵3~4日
冷凍2週間

お弁当のレパートリーにもぜひ加えて。

かぼちゃのきんぴら

材料（4人分）

かぼちゃ … 1/4個（400g）

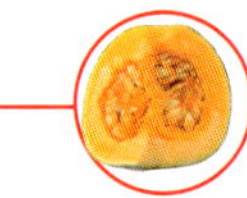

サラダ油 … 大さじ1
酒 … 大さじ1と1/2
A しょうゆ … 大さじ1と1/3
　砂糖 … 大さじ1/2
　塩 … ひとつまみ
いりごま（白）… 大さじ1

作り方

1. かぼちゃは種とわたを除き、3cm長さの拍子木切りにする。
2. フライパンにサラダ油を中火で熱し、1を1分炒める。酒をふり、ふたをして2分蒸し焼きにする。
3. 2に混ぜ合わせたAを加えて全体にからめ、ごまを混ぜ、お好みで七味唐辛子をふる。

マリネ&サラダ

冷蔵3~4日
冷凍2週間

マヨネーズを使わずヨーグルトでヘルシーに。

かぼちゃのナッツサラダ

材料（4人分）

かぼちゃ … 1/4個（400g）

ミックスナッツ（素焼き・粗く刻む）… 30g
A プレーンヨーグルト … 大さじ2
　オリーブオイル、はちみつ … 各小さじ1

作り方

1. かぼちゃは皮と種、わたを除き、3cm角に切る。
2. 耐熱容器に1を入れ、ふんわりとラップをかけ、電子レンジで4分加熱し、粗くつぶす。
3. 2にAを混ぜ、ミックスナッツを加えてよくあえる。

☑ 手早く作れるコツ！

かぼちゃの塩バター煮は**2cm角に切ってレンジ加熱**すれば短時間でホクホク食感に。かぼちゃのグラタンは**薄切りにしてレンチンしてからトースターで焼く**だけ。

＼平日は／

帰ってから作る

レンチンするだけ！

レンチンなら煮くずれする心配なし！

かぼちゃの塩バター煮

材料（2人分）

かぼちゃ…1/8個（200g）

A
- バター…10g
- 水…大さじ1
- 砂糖…小さじ1/2～1
- 塩…ふたつまみ

作り方

1 かぼちゃは種とわたを除き、2cm角に切り、ピーラーでところどころ皮をむく。

2 耐熱容器に1、Aを入れ、ふんわりとラップをかけて電子レンジで3分加熱し、そのまま1分蒸らす。

7分でできる

超スピード

市販のホワイトソース缶を使えばラクラク！

かぼちゃのツナグラタン

材料（2人分）

かぼちゃ…1/8個（200g）

ツナ油漬け缶（フレークタイプ）…1缶（70g）
ホワイトソース缶（市販）…1/2缶（145g）
溶けるチーズ…30g
塩、こしょう…各少々

作り方

1 かぼちゃは8mm厚さの薄切りにし、電子レンジで2分加熱する。

2 ツナ缶は缶汁をきり、ホワイトソース缶と混ぜる。

3 耐熱皿に1を並べて塩、こしょうをふり、2をかけて溶けるチーズをのせる。オーブントースターで4～5分焼き、お好みでドライパセリをふる。

10分でできる

ボリューム

長いも・じゃがいも

✓ おいしく作りおくコツ！

長いもは**1cm厚さの輪切りもしくは半月切りにしてみそ漬けにすれば**、さっくりとした食感のまま保存できます。ラップを使えば少量のみそでOK。

休日は 作りおき

かんたん

冷蔵3～4日
冷凍NG

長いもにみそがとろりとからんでおいしい！

長いものみそ漬け

材料（作りやすい分量）

長いも … 300g

A
- みそ … 大さじ4
- みりん（電子レンジで20秒加熱する）… 大さじ2
- 酢 … 大さじ1

作り方

1. 長いも1cm厚さの輪切りか半月切りにする。
2. 保存容器にラップをおき、混ぜ合わせたAを半量ぬって長いもを並べる。残りのAをぬって冷蔵庫で半日以上漬ける。

ツナのコクがちょうどいい！

マリネ&サラダ

冷蔵2～3日
冷凍NG

水分が出にくい食材を組み合わせます。

ツナのポテトサラダ

材料（4人分）

じゃがいも … 4個

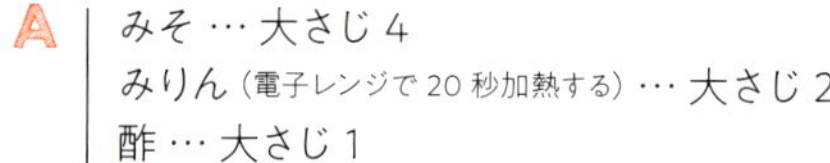

- ツナ油漬け缶（フレークタイプ）… 1缶（70g）
- ピーマン（5mm厚さの輪切り）… 2個
- にんじん（5mm厚さのいちょう切り）… 3cm
- 酢 … 大さじ1

A
- マヨネーズ … 大さじ4
- マスタード … 大さじ1
- 塩、こしょう … 各少々

作り方

1. じゃがいもは皮をむいてひと口大に切り、水にさらす。鍋にかぶるくらいの水とともに入れて中火にかけ、竹串がスッと通るくらいまでやわらかく煮る。余分な煮汁を捨て、再び火にかけて水分をとばし、熱いうちにつぶして酢を混ぜる。
2. にんじんは耐熱容器に入れ、ふんわりとラップをかけて電子レンジで2分加熱し、ピーマンも同様に1分加熱する。
3. 1にAを加えてよく混ぜ、2、缶汁をきったツナとあえる。

☑ 手早く作れるコツ！

長いもは生でも食べられるので帰ってから作る食材にぴったりです。青のりバターポテトは**さっと炒めるだけでOK**。カレー炒めのじゃがいもは**スライサーで薄切り**にしてから炒めましょう。

長いものホクホク感がたまらない！

青のりバターポテト

材料（2人分）

長いも … 200g

サラダ油 … 大さじ1

バター … 5g

A | 塩、こしょう … 各少々
  | 青のり粉 … 小さじ1

作り方

1 長いもはピーラーで皮をむき、4cm長さの短冊切りにする。

2 フライパンにサラダ油とバターを中火で熱し、1を2～3分炒める。Aをふり、全体にからめる。

じゃがいものシャキふわ感を楽しんで。

じゃがいもと豚肉のカレー炒め

材料（2人分）

じゃがいも … 2個

豚バラ薄切り肉 … 150g

塩、こしょう … 少々

サラダ油 … 大さじ1

A | 酒 … 大さじ1
  | カレー粉 … 小さじ2
  | しょうゆ … 小さじ1

作り方

1 豚肉は2cm幅に切り、塩、こしょうをふる。じゃがいもは皮をむき、スライサーで薄切りにし、さっと洗って水けをきる。

2 フライパンにサラダ油を中火で熱し、豚肉を炒める。肉の色が変わったら、じゃがいもを加えて2～3分炒める。

3 2にAを加えてからめ、塩、こしょう（各分量外）で味をととのえる。

きのこ類

☑ おいしく作りおくコツ！
水けが気になるきのこはオイル煮にすれば、オシャレな副菜に。アヒージョよりも少ないオリーブオイルで作れます。

休日は 作りおき

かんたん

冷蔵 4～5日
冷凍 2週間

きのこの水分をとばしてから調味して。

きのこのガーリックオイル煮

材料（4人分）

しめじ…1袋
まいたけ…1パック
エリンギ…2本

A | にんにく（つぶす）…1かけ
 | アンチョビフィレ（粗く刻む）…3切れ

オリーブオイル…大さじ3
塩…小さじ¼
粗びき黒こしょう…適量

作り方

1 しめじは石づきを除いて小房に分け、エリンギは縦半分に切ってから薄切り、まいたけはほぐす。

2 フライパンにオリーブオイル、Aを入れて弱火にかける。香りが出たら、1を加えて炒め、全体に油が回ったら、ふたをして2分ほど蒸し煮にする。

3 ふたを取り、強火にして水分をとばし、塩、粗びき黒こしょうで味をととのえる。

マリネ＆サラダ

冷蔵 3～4日
冷凍 2週間

市販のメンマを使ったお酒にも合う作りおき。

しいたけとえのきの中華マリネ

材料（4人分）

しいたけ…6個
えのきだけ…1袋

しょうが（みじん切り）…¼かけ
ごま油…小さじ2

A | 穂先メンマ（味つき・やわらかいタイプ）…大さじ2
 | 酢…大さじ1
 | しょうゆ…小さじ2
 | 砂糖…小さじ¼

作り方

1 きのこ類は石づきを除き、しいたけは十文字に切り込みを入れ、えのきだけは小房に分ける。

2 フライパンにごま油、しょうがを中火で熱し、香りが出たら1を2～3分焼き、余分な水分をふく。

3 混ぜ合わせたAに2を加えてあえ、冷蔵庫で2時間以上おく。

☑ **手早く作れるコツ！**

新鮮なマッシュルームならそのまま薄切りにしてサラダにするのがおすすめ。炒め物は**「マヨソース+ウスターソース」**を使えば、短時間で**味が決まります。**

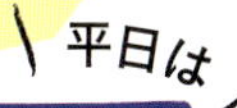

帰ってから作る

素材のおいしさをいかしてシンプルな味つけに。

マッシュルームのサラダ

材料（2人分）

マッシュルーム…5～6個
ベビーリーフ…1袋
生ハム…3～4枚
レモン汁…大さじ1
オリーブオイル…大さじ1と½
塩、粗びき黒こしょう…各適量

作り方

1 マッシュルームは石づきを除いて薄切りにする。ベビーリーフは水にさらして水けをきる。生ハムは大きめのひと口大に切る。

2 器に1を盛り合わせ、レモン汁、オリーブオイルをまわしかけ、塩、粗びき黒こしょうをふる。

コクと酸味のバランスが絶妙です。

エリンギとしめじのマヨソース炒め

材料（2人分）

エリンギ…1本
しめじ…1袋
豚こま切れ肉…100g
サラダ油…大さじ½
酒…大さじ1
A マヨネーズ…大さじ1と¼
　ウスターソース…小さじ2
　塩、こしょう…各少々

作り方

1 エリンギは横半分に切ってから縦4等分に切る。しめじは石づきを除いてほぐす。豚肉は食べやすい大きさに切る。

2 フライパンにサラダ油を中火で熱し、豚肉を炒める。肉の色が変わったら、きのこ類を加えて炒め合わせ、全体に油が回ったら、酒をふり、Aで調味する。器に盛り、お好みで青のり粉をふる。

きのこ類

☑ おいしく作りおくコツ！

きのこは**いくつかの種類をミックスして使う**と、うまみもボリュームも増します。調理法は同じなので、自分流の組み合わせを見つけて楽しんで。

かんたん

冷蔵 4~5日
冷凍 2週間

干ししいたけを使わなくもうまみは十分！

しいたけの甘辛煮

材料（4人分）

しいたけ…8個

A
- だし汁…¼カップ
- しょうゆ…大さじ2
- 酒、砂糖、みりん…各大さじ1

作り方

1. しいたけは石づきを除き、かさは半分に切り、軸は薄切りにする。
2. 鍋にA、しいたけを入れて中火にかけ、煮立ったら落としぶたをして弱火で8～10分煮る。

冷凍できて超便利！

マリネ&サラダ

冷蔵 4~5日
冷凍 2週間

きのこは余分な水分をとばすと傷みにくくなります。

ミックスきのこのマリネ

材料（4人分）

エリンギ…2本
しめじ…1袋
まいたけ…1パック
マッシュルーム…5～6個

にんにく（つぶす）…1かけ
オリーブオイル…大さじ1

A
- 酢…大さじ2
- しょうゆ…小さじ2
- 砂糖…小さじ¼
- 塩…小さじ¼

作り方

1. きのこ類は石づきを除き、エリンギは縦半分に切ってから薄切り、しめじとまいたけはほぐし、マッシュルームは4等分に切る。
2. フライパンにオリーブオイル、にんにくを弱めの中火で熱し、香りが出たらきのこ類を加えて炒める。余分な水分をふき、さらに1～2分炒める。
3. 混ぜ合わせたAに、2、お好みでドライパセリを加えてあえ、冷蔵庫で2時間以上おく。

☑ 手早く作れるコツ！

火の通りが早いきのこはすぐ食べたいときにぴったり！ 常備しておける**明太子や鮭フレークなどを合わせた炒め物**は、ごはんにもよく合っておすすめです。

帰ってから作る

シャキシャキの歯ごたえに魅了されます。

えのきの明太バター炒め

超スピード

材料（2人分）

えのきだけ…1袋
バター…5g
A 辛子明太子…¼腹（30g）
　酒…大さじ1
しょうゆ…小さじ1

作り方

1 えのきだけは石づきを除いて長さを半分に切る。明太子は薄皮から身をこそげ出す。

2 フライパンに油を引かずにえのきだけを入れて焼く。全体に焼き色がついたら、バター、Aを加えて炒め合わせ、しょうゆで調味する。

3分でできる

味つけがかんたんなのがうれしい！

まいたけの鮭フレーク炒め

ボリューム

材料（2人分）

まいたけ…1パック
もやし…¼袋（100g）
鮭フレーク…大さじ1と¼
サラダ油…大さじ⅔
A しょうゆ…小さじ2
　こしょう…少々

作り方

1 まいたけはほぐす。もやしはひげ根を取る。

2 フライパンにサラダ油を中火で熱し、まいたけ、もやしを強火で炒める。全体に油が回ったら、鮭フレーク、Aを加えて炒め合わせる。

4分でできる

漬けるとおいしい！

野菜のミニおかず

箸休めにぴったり！

しょうがの甘酢漬け

材料（作りやすい分量）

しょうが…300g

A
- 酢…1カップ
- 砂糖…大さじ5
- 塩…小さじ½

作り方

1 しょうがは薄く皮をむき、スライサーで薄切りにする。熱湯で2分ゆでて、水にさらして水けをよく絞る。

2 鍋にAを入れてひと煮立ちさせて火を止める。1を加えて冷蔵庫でひと晩以上おく。

冷蔵10日
冷凍NG

スパイシーでさわやかな味わい。

セロリのカレーピクルス

材料（作りやすい分量）

セロリ…1束

A
- 酢…⅓カップ
- 水…¼カップ
- 砂糖…大さじ2と½
- カレー粉…小さじ½
- 塩…小さじ¼
- にんにく（つぶす）…1かけ

作り方

1 セロリは筋を取って5mm幅の斜め切りにする。

2 鍋にAを入れて火にかけ、砂糖と塩が溶けたら火を止める。1を加えて冷蔵庫でひと晩以上おく。

冷蔵1週間
冷凍NG

冷やしそうめんにトッピングしてもgood！

オクラのめんつゆ漬け

冷蔵4～5日
冷凍NG

材料（作りやすい分量）

オクラ…20本（2パック）

A
- めんつゆ（3倍濃縮）…大さじ4
- 水…大さじ4
- かつお節…小1パック（2.5g）

作り方

1 オクラはがくを取り、塩（分量外）をふって板ずりをする。熱湯で4～5分ゆでて、粗熱をとる。

2 鍋にAを入れてひと煮立ちさせて火を止める。1を加えて冷蔵庫でひと晩以上おく。

漬けるだけでぐっとおいしくなる、野菜のミニおかず。
あと1品足りないときはもちろん、つけ合わせにも使える頼もしいレシピです。

焼き魚に添えたり、刻んでごはんに混ぜても。

みょうがの甘酢漬け

材料（作りやすい分量）

みょうが … 12個
A
- 酢 … 1カップ
- 砂糖 … 大さじ5
- 塩 … 小さじ½

作り方

1. みょうがは縦半分に切り、熱湯で1分ゆで、ざるにあげて水けをきる。
2. 鍋にAを入れてひと煮立ちさせて火を止める。1を加えて冷蔵庫でひと晩以上おく。

冷蔵10日
冷凍NG

お肉料理のつけ合わせにどうぞ！

カリフラワーのカレーピクルス

材料（作りやすい分量）

カリフラワー … ½株
A
- 酢 … ⅓カップ
- 水 … ¼カップ
- 砂糖 … 大さじ2と½
- カレー粉 … 小さじ½
- 塩 … 小さじ¼
- ローリエ … 1枚

作り方

1. カリフラワーは小房に分け、熱湯で1分30秒塩ゆで（分量外）し、水けをよくきる。
2. 鍋にAを入れて火にかけ、砂糖と塩が溶けたら火を止める。1を加えて冷蔵庫でひと晩以上おく。

冷蔵1週間
冷凍NG

ほどよい苦みとポリポリの歯ごたえが◎。

ゴーヤのめんつゆ漬け

材料（作りやすい分量）

ゴーヤ … 1本
A
- めんつゆ（3倍濃縮）… 大さじ3
- 水 … 大さじ3
- かつお節 … 小1パック（2.5g）

作り方

1. ゴーヤは縦半分に切ってから種とわたをこそげ取り、3mm厚さに薄切りにする。塩小さじ2（分量外）をふってもみ、2分おく。熱湯で1分ゆで、水けをよく絞る。
2. 鍋にAを入れてひと煮立ちさせて火を止める。1を加え、冷蔵庫でひと晩以上おく。

冷蔵5〜6日
冷凍NG

休日は 作りおき

昆布を加えるとうまみがアップ！

水菜のしょうゆ漬け

材料（作りやすい分量）

水菜…1束（200g）
しょうゆ…大さじ2
塩…小さじ1
昆布（2cm角）…1枚

作り方

1 水菜はぬるま湯でよく洗い、水けをふく。
2 ポリ袋に1、残りの材料を入れ、ポリ袋の空気を抜いて冷蔵庫でひと晩おく。食べるときに汁けを絞って食べやすい大きさに切る。

冷ややっこやごはんにのせると美味。

にらのしょうゆ漬け

材料（作りやすい分量）

にら…1束
しょうゆ…大さじ4
みりん…大さじ1と½

作り方

1 にらはよく洗って水けをふき、5mm幅に切る。
2 みりんは耐熱容器に入れてラップをかけずに電子レンジで20秒加熱し、しょうゆと混ぜる。1を加えて冷蔵庫にひと晩以上おく。

ソテーしたお肉にかけるとおいしい！

長ねぎのオイル漬け

材料（作りやすい分量）

長ねぎ…1本
塩…小さじ¼
サラダ油…¾カップ

作り方

1 長ねぎは斜め薄切りにする。耐熱容器に入れてふんわりとラップをかけ、電子レンジで1分加熱する。
2 塩、サラダ油を混ぜ、1を加えて冷蔵庫でひと晩以上おく。

ほっこり＆しみじみおいしい！

Part.5

卵・豆製品のおかず

扱いやすくておなかにもたまる卵や豆製品は、
作りおきにもスピード調理にも向いている優秀食材。
こよなく愛される「味つけ卵」や
トースターで焼くだけの「油揚げのピザ」など、
定番からアイデアメニューまでご紹介しています。

卵

☑ **おいしく作りおくコツ!**

味つけ卵を作るなら、**漬け汁に少量の酢を加えてみてください**。酸味はほとんど気にならないうえ、漬け汁のコク深いおいしさが長持ちします。

ラーメンにトッピングしても!

☀ かんたん

ときどき上下を返しながら漬けるのがコツ。

味つけ卵

材料(4人分)

卵…8個

A
- しょうゆ、みりん、水…各80mℓ
- 砂糖…大さじ1
- 酢…小さじ2
- 昆布(2×3cm)…1枚

作り方

1. 卵は常温にもどし、かぶるくらいの水とともに鍋に入れて火にかける。沸騰したら弱火にし、6分ほど煮る。氷水に3分つけて冷やし、殻をむく。
2. 鍋にAを入れて中火にかけ、ひと煮立ちしたら火を止める。冷めたらポリ袋に入れ、1を加えて冷蔵庫でひと晩以上おく。

❄ 冷凍にぴったり

クリームチーズが口の中でほろっと溶ける!

サーモンのキッシュ風

材料(4人分)

卵…4個

スモークサーモン(ひと口大に切る)…50g

アスパラガス(細め)…4本

クリームチーズ(個包装タイプ・6等分に切る)…3個

A
- 牛乳…½カップ
- 生クリーム(乳脂肪分45%)…大さじ2
- 塩、こしょう…各少々

作り方

1. 卵は溶きほぐし、Aを加えて混ぜ合わせる。
2. アスパラガスは根元を切り落とし、皮のかたい部分をピーラーでむき、斜め3等分に切る。
3. ホーロー容器にアルミホイルを敷き、1を流し入れる。2、スモークサーモン、クリームチーズを入れ、オーブントースターで12~13分焼く(途中焦げそうならアルミホイルをかぶせる)。

☑ 手早く作れるコツ！

卵はスピード晩ごはんの強い味方。火を通す必要のない**さんま蒲焼き缶を手早く炒めて**。お好み焼き風は**火の通りが早いもやしを加えれば**、食べごたえ満点に。

平日は

帰ってから作る

缶汁も味つけに使えます！

さんま蒲焼き缶の卵炒め

超スピード

材料（2人分）

卵…2個
さんま蒲焼き缶…1缶（100g）
小ねぎ（小口切り）…1本
塩、こしょう…各少々
サラダ油、酒…各大さじ1

作り方

1. 卵は溶きほぐして塩、こしょうを混ぜる。
2. フライパンにサラダ油を中火で熱し、さんま蒲焼き缶を缶汁ごと加え、酒も加えてざっと炒める。
3. 2に1を加えて大きく混ぜ、塩、こしょう（各分量外）で味をととのえる。器に盛り、小ねぎをちらす。

4分でできる

軽〜い食感でおつまみとしてもおすすめ。

卵ともやしのお好み焼き風

ボリューム

材料（2人分）

卵…3個
もやし…½袋
いか天…30g
A | 顆粒和風だしの素…小さじ½
　| 塩、こしょう…各少々
サラダ油…大さじ1
お好み焼きソース、マヨネーズ…各適量

作り方

1. もやしはひげ根を除き、いか天はキッチンばさみで2cm幅に切る。
2. 卵は溶きほぐしてAをよく混ぜ、1も加えて混ぜる。
3. フライパンにサラダ油を熱し、2を丸く流し入れ、弱めの中火で2〜3分焼く。焼き色がついたら裏返して弱火で2〜3分焼く。器に盛り、お好み焼きソース、マヨネーズをかけ、お好みで青のり粉、かつお節をのせる。

8分でできる

水煮・蒸し大豆

おいしく作りおくコツ！

水煮大豆は**栄養価が高く、水でもどす必要がないので作りおきに向く食材**。コンソメの素や、めんつゆを活用すればかんたんにおいしく作れます。

お肉や魚のソテーとも好相性！

大豆とウインナーのコンソメ煮

材料（4人分）

水煮大豆（ドライパック）… 150g
ウインナー（1cm幅の輪切り）… 4本
玉ねぎ（粗みじん切り）… ½個
オリーブオイル … 大さじ1
A　水 … 1カップ
　　顆粒コンソメスープの素 … 小さじ½
塩、こしょう … 各少々

作り方

1 フライパンにオリーブオイルを中火で熱し、玉ねぎを炒める。透き通ってきたら、ウインナーを加えて1分炒め、Aを加えて煮る。
2 煮立ったら、大豆を加えて煮汁が少なくなるまで煮て、塩、こしょうで味をととのえる。

どこかなつかしい味わいが魅力です。

じゃこ大豆

材料（4人分）

水煮大豆（ドライパック）… 200g
ちりめんじゃこ … 大さじ4
片栗粉 … 大さじ1
サラダ油 … 大さじ2
めんつゆ（3倍濃縮）… 大さじ2

作り方

1 大豆に片栗粉をまぶす。フライパンにサラダ油を中火で熱し、大豆をカリッとするまで焼いて取り出す。
2 1と同じフライパンでちりめんじゃこをカリッとするまで焼く。
3 1、2をめんつゆであえる。

☑ **手早く作れるコツ！**

帰ってから作る場合は、**蒸し大豆**がおすすめ。**水煮大豆に比べて余分な水分が少ないので**、そのままサラダにしてもおいしく食べられます。

帰ってから作る

満足感のあるボリュームサラダ！

大豆とベーコンのサラダ

超スピード

材料（2人分）

蒸し大豆（ドライパック）…50g
スライスベーコン…3枚
レタス…¼個
サラダ油…小さじ2
和風ドレッシング（市販）…大さじ2

作り方

1 ベーコンは1cm幅に切る。フライパンにサラダ油を中火で熱し、ベーコンがカリッとするまで焼く。

2 レタスは手でちぎって器に盛り、蒸し大豆、1をのせ、和風ドレッシングをかける。

お肉なしでもおなかいっぱいになります。

大豆とチンゲン菜の中華炒め

ボリューム

材料（2人分）

蒸し大豆（ドライパック）…50g
ツナ油漬け缶（フレークタイプ）…1缶（70g）
チンゲン菜…2株
サラダ油…大さじ1
A 酒…大さじ1
オイスターソース…大さじ½
しょうゆ…小さじ1

作り方

1 ツナは缶汁をきる。チンゲン菜はざく切りにする。

2 フライパンにサラダ油を中火で熱し、チンゲン菜を茎、葉の順に炒め、一度取り出す。

3 同じフライパンでツナ、大豆を炒め、少し焼き色がついたら、2を戻し入れ、Aで調味する。

ミックスビーンズ・枝豆

☑ **おいしく作りおくコツ！**

冷凍枝豆もミックスビーンズも常備しておきたい食材の1つ。**マリネや甘酢漬けにしておけば**、おいしく日持ちさせることができます。

休日は

作りおき

かんたん

いろいろなお豆の味わいが楽しめます。

ミックスビーンズのマリネ

材料（4人分）

ミックスビーンズ（ドライパック）… 200g
ツナ油漬け缶（フレークタイプ）… 1缶（70g）
玉ねぎ（みじん切り）… ¼個
オリーブ（種なし・輪切り）… 1パック（25g）
A
オリーブオイル … 大さじ2
酢 … 大さじ1と½
砂糖、塩 … 各小さじ⅓
こしょう … 少々

作り方

1. ツナ缶は缶汁をきる。玉ねぎは水に5分さらして水けを絞る。
2. ボウルにAを混ぜ合わせ、ミックスビーンズ、オリーブ、1を加えてあえ、冷蔵庫で2時間以上おく。

冷凍にぴったり

冷蔵3~4日
冷凍2週間

時間がたつほどに塩昆布がなじんで美味。

枝豆の塩昆布甘酢漬け

材料（4人分）

冷凍枝豆（さやつき）… 300g
A
塩昆布 … 大さじ3
酢 … 大さじ2
砂糖 … 小さじ2

作り方

1. 枝豆は流水で解凍し、両端を切り落とす。
2. 混ぜ合わせたAに、1を加えてあえ、冷蔵庫で2時間以上おく。

☑ **手早く作れるコツ！**

冷凍枝豆もミックスビーンズも加熱済みなので、時間がないときにぴったり！ **にんにくやカレー粉などと炒めれば**、パンチのきいたボリュームおかずにも、おつまみにもなります。

帰ってから作る

超スピード

香ばしくクセになるおつまみ。

枝豆のペペロンチーノ

4分でできる

材料（2人分）

冷凍枝豆（さやつき）… 200 g
にんにく（薄切り）… ½ かけ
赤唐辛子（輪切り）… ⅓ 本
オリーブオイル … 大さじ1と½
塩、こしょう … 各少々

作り方

1 枝豆は流水で解凍し、両端を切り落とす。

2 フライパンにオリーブオイルとにんにく、赤唐辛子を弱めの中火で熱し、1の両面に焼き色がつくまで炒める。塩、こしょうで味をととのえる。

ボリューム

葉野菜に包んで食べても good！

ミックスビーンズのカレーチーズ炒め

4分でできる

材料（2人分）

ミックスビーンズ（ドライパック）… 100g
合いびき肉 … 100g
サラダ油 … 小さじ2
酒 … 大さじ1
A 粉チーズ … 大さじ1
　しょうゆ … 小さじ1
　カレー粉 … 小さじ½
塩、こしょう… 各少々

作り方

1 フライパンにサラダ油を中火で熱し、ひき肉を炒める。肉の色が変わったら、ミックスビーンズ、酒を加えて炒め合わせる。

2 1にAを加えて炒め合わせ、塩、こしょうで味をととのえる。

厚揚げ

休日は
作りおき

✓ おいしく作りおくコツ！
厚揚げのふわっとした食感は作りおきに向いています。**トマトケチャップや焼き肉のたれでしっかりめの味つけ**にすると、おいしさが変わりません。

かんたん

冷蔵 3〜4日
冷凍 2週間

お子さんでも食べやすく、お弁当にも◎。

厚揚げとなすのケチャップ煮

材料（4人分）

厚揚げ … 大1枚（300g）
なす（乱切り）… 2本
しょうが（みじん切り）… ½ かけ
サラダ油 … 大さじ1
トマトケチャップ … 大さじ3
A | しょうゆ … 大さじ1と½
水 … 1カップ

作り方

1 厚揚げは熱湯をまわしかけて油抜きし、8等分の三角形に切る。なすは水に3分さらして水けをきる。
2 フライパンにサラダ油、しょうがを中火で熱し、香りが出たらなすを炒め、少ししんなりしてきたら、トマトケチャップを加えて炒める。
3 2に厚揚げ、Aを加え、ふたをして強めの中火で4分煮る。なすに火が通ったら、ふたを取り、汁けがなくなるまで煮る。

冷凍にぴったり

冷蔵 3〜4日
冷凍 2週間

お肉を巻くだけでとってもボリューミーに！

厚揚げの肉巻き

材料（4人分）

厚揚げ … 大1枚（300g）
豚バラ薄切り肉 … 8枚
薄力粉 … 適量
サラダ油 … 大さじ½
A | 焼き肉のたれ … 大さじ2
しょうゆ … 小さじ1

作り方

1 厚揚げは熱湯をまわしかけて油抜きをし、水けをふいて8等分の棒状に切る。豚肉で巻き、薄力粉を薄くまぶす。
2 フライパンにサラダ油を中火で熱し、1の巻き終わりを下にして焼く。全体に焼き色がついたらふたをしてときどき転がしながら4〜5分焼く。
3 フライパンの余分な脂をふき、混ぜ合わせたAを全体にからめる。

☑ **手早く作れるコツ！**

もう1品に迷うときに、あると助かるのが厚揚げ！ **炒め物やトースター焼きなら油抜きをする必要はなし！** マヨネーズやチーズとの相性もよく、存在感のあるおかずが作れます。

平日は

帰ってから作る

超スピード

こってり甘辛味でおなかも心も大満足！

厚揚げのマヨ照り焼き

材料（2人分）

厚揚げ … 小1枚（200g）
薄力粉 … 適量
サラダ油 … 大さじ½
A しょうゆ、マヨネーズ … 各大さじ1
　砂糖 … 小さじ2
青じそ … 2枚

作り方

1 厚揚げは2cm角に切り、薄力粉を薄くまぶす。

2 フライパンにサラダ油を中火で熱し、1を炒める。全体にカリッとしてきたら、混ぜ合わせたAを加えて炒め合わせ、全体にからめる。

3 器に2を盛り、ちぎった青じそをちらす。

4分でできる

ボリューム

チーズがからまって絶妙な味わい。

厚揚げのしらすチーズ焼き

材料（2人分）

厚揚げ … 小1枚（200g）
しらす … 大さじ2
長ねぎ … ⅓本
溶けるチーズ … 30g
めんつゆ（3倍濃縮）… 大さじ1

作り方

1 厚揚げは1cm幅に切り、耐熱皿に並べる。

2 長ねぎはみじん切りにする。

3 1にしらす、2をのせ、めんつゆをまわしかけ、溶けるチーズをのせる。オーブントースターで6～7分焼き色がつくまで焼く。

8分でできる

油揚げ

☑ おいしく作りおくコツ！

油揚げは**熱湯をまわしかけて油抜きをすると、保存しても傷みにくくなり**、味も入りやすくなります。油揚げのみそそぼろは、冷凍できてお弁当にも◎。

かんたん

冷蔵3～4日
冷凍NG

煮汁をしっかりと煮含めるのがコツ。

油揚げとこんにゃくの煮物

材料（4人分）

油揚げ…3枚
こんにゃく（アク抜き済み）…小1枚
ちくわ（8mm厚さの輪切り）…2本

A
だし汁…1カップ
しょうゆ…大さじ3
砂糖…大さじ2と½
酒…大さじ1

作り方

1. 油揚げは熱湯をまわしかけて油抜きをし、水けをきり、1枚を8等分の三角形に切る。こんにゃくはスプーンでひと口大にちぎる。
2. フライパンにこんにゃくを入れて中火にかけ、1～2分から炒りする。油揚げ、ちくわ、Aを加え、煮立ったら落としぶたをして汁けが少なくなるまで8～10分煮る。

冷凍にぴったり

冷蔵3～4日
冷凍2週間

みそ風味のコクうま＆ヘルシーそぼろ！

油揚げのみそそぼろ

材料（4人分）

油揚げ…4枚
長ねぎ（みじん切り）…⅓本
だし汁…1カップ
サラダ油…小さじ2

A
砂糖…大さじ2
しょうゆ、みそ…各大さじ1と½

作り方

1. 油揚げは熱湯をまわしかけて油抜きをし、水けをきって5mm角に切る。
2. フライパンにサラダ油を中火で熱し、長ねぎを炒める。透き通ってきたら、だし汁、混ぜ合わせたA、1を加え、煮立ったらふたをして弱火で煮汁が少なくなるまで7～8分煮る。

☑ 手早く作れるコツ！

油揚げは、ビールなどのお酒のおつまみにも使えます。**アンチョビを使った油揚げのピザは急な来客のときでも「とりあえずのひと皿」**として出せる逸品です。

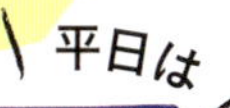

油揚げは油を引かずにカリッと焼いて。

油揚げと水菜のサラダ

超スピード

材料（2人分）

油揚げ…1枚
水菜…2株
A ポン酢しょうゆ…小さじ2
　砂糖…ふたつまみ
　いりごま（白）…大さじ½
焼きのり…適量

作り方

1. 油揚げは1cm幅の短冊切り、水菜は4cm長さに切り、水にさらして水けをきる。
2. フライパンに油をひかずに油揚げを入れ、両面に焼き色がつくまで焼く。
3. ボウルにAを合わせ、1、2を加えてあえる。器に盛り、ちぎった焼きのりをちらす。

軽い口当たりで何枚でもいけます。

油揚げのピザ

★ボリューム

材料（2人分）

油揚げ…2枚
スライスベーコン…1枚
アンチョビフィレ…1切れ
ミニトマト…2個
ピーマン…½個
A トマトケチャップ…大さじ1と½
　カレー粉…少々
溶けるチーズ 30g

作り方

1. 油揚げは半分に切り、混ぜ合わせたAをぬる。
2. ベーコンは短冊切り、アンチョビはちぎる。ミニトマトは縦半分に切り、ピーマンは5mm厚さの輪切りにする。
3. 1に2、溶けるチーズをのせ、オーブントースターでチーズが溶けるまで4～5分焼く。

栄養たっぷり！

休日は 作りおき

乾物レシピ

ひじき

豚肉を加えてお子さんでも食べやすく！

豚ひじき

冷蔵 4〜5日
冷凍 2週間

材料（4人分）

芽ひじき（乾燥）… 30g
豚バラ薄切り肉 … 100g
枝豆（冷凍）… 200g
サラダ油 … 大さじ½

A
だし汁 … 1カップ
オイスターソース、
しょうゆ
… 各大さじ1と½
酒 … 大さじ1
砂糖 … 小さじ1

作り方

1 ひじきはさっと洗って水に15分つけてもどし、水けをよくきる。豚肉は2cm幅に切る。枝豆は流水で解凍し、さやから実を取り出して薄皮をむく。

2 フライパンにサラダ油を中火で熱し、豚肉を炒める。肉の色が変わったら、ひじきを加え、全体に油が回るまでよく炒める。

3 2にAを加え、落としぶたをして弱めの中火で煮汁が少し残るまで煮る。枝豆を加え、ひと煮する。

洋風のコクうまマリネです。

ひじきと大豆のマリネ

材料（4人分）

芽ひじき（乾燥）… 20g
パプリカ（黄）… ½個
ハム … 3枚
蒸し大豆 … 30g

A
酢 … 大さじ2と½
オリーブオイル … 大さじ2
砂糖、しょうゆ
… 各小さじ1と½

作り方

1 ひじきはさっと洗って水に15分つけてもどし、水けをきる。熱湯で2分ゆでて水けをよくきる。

2 パプリカは横に細切りにし、ハムは1.5cm四方に切る。

3 ボウルにAを混ぜ合わせ、1、2、大豆を加えてあえ、冷蔵庫で2時間以上おく。

冷蔵 3〜4日
冷凍 2週間

ひじき、切り干し大根、高野豆腐を使ったしみじみおいしい乾物レシピです。
休日にまとめて作って栄養をたっぷり補いましょう。

ソース焼きそば風の味つけが斬新！

切り干し大根のソース炒め煮

冷蔵 4~5日
冷凍 2 週間

材料（4人分）

切り干し大根（乾燥）…40g
豚こま切れ肉…100g
スナップエンドウ…6さや
サラダ油…大さじ1
A 水…3/4カップ
鶏ガラスープの素…小さじ1/2
ウスターソース…大さじ2
塩、こしょう…各少々

作り方

1 切り干し大根はよく洗って水に15分つけてもどし、水けをよく絞る。
2 豚肉は細切り、スナップエンドウはへたと筋を取り、斜め3等分に切る。
3 フライパンにサラダ油を中火で熱し、豚肉を炒める。色が変わってきたら、切り干し大根、スナップエンドウを加えて炒め、少ししんなりしてきたら、Aを加えて5分煮る。煮汁が少なくなってきたらウスターソース、塩、こしょうを加え、弱火でほとんど煮汁がなくなるまで煮る。

素材のおいしさが引き立つ味つけに。

切り干し大根の塩麹煮

材料（4人分）

切り干し大根（乾燥）…40g
さつま揚げ…2枚
サラダ油…大さじ1
A 水…1と1/2カップ
塩麹…大さじ1

作り方

1 切り干し大根はよく洗ってから水に15分つけてもどし、水けをよく絞る。さつま揚げは1cm幅に切る。
2 フライパンにサラダ油を中火で熱し、切り干し大根を炒める。全体に油が回ったら、さつま揚げを加えて2分炒める。
3 2にAを加え、汁けが少なくなるまで煮る。

冷蔵 4~5日
冷凍 2 週間

＼休日は／

作りおき

高野豆腐

もっちりとした食感が◎。煮くずれる心配もなし！

揚げ出し高野豆腐

材料（4人分）

高野豆腐…4枚
さやいんげん…10本
片栗粉…大さじ2
サラダ油…大さじ3
A 水…1と½カップ
めんつゆ（3倍濃縮）…大さじ3
酢、しょうが（すりおろし）…各小さじ1

作り方

1 高野豆腐は水につけてもどし、しっかりと水けを絞る。4等分に切り、全体に片栗粉をまぶす。さやいんげんは2等分に切る。

2 耐熱容器にAを入れ、ラップをかけずに電子レンジで1分加熱する。

3 フライパンにサラダ油を中火で熱し、1の高野豆腐を4～5分、さやいんげんを2分揚げ焼きにする。油をよくきって2に漬ける。

冷蔵3～4日
冷凍2週間

きのこはしいたけでもしめじでも。

高野豆腐の含め煮

材料（4人分）

高野豆腐…4枚
ひらたけ…1パック
A だし汁…1と½カップ
しょうゆ…大さじ2
砂糖、みりん…各大さじ1

作り方

1 高野豆腐は水につけてもどし、しっかりと水けを絞り、2等分に切る。ひらたけは石づきを除き、ほぐす。

2 フライパンに1、Aを入れて中火にかけ、煮立ったら落としぶたをして弱火で煮汁が少し残る程度まで10～12分煮る。

冷蔵3～4日
冷凍2週間

作りたいメニューがきっと見つかる!

Part.6
煮込み・スープ

休日に煮込みやスープを作りおくなら、
「バターチキンカレー」「ミネストローネ」など、
肉や野菜をたっぷり入れて具だくさんに。
平日の忙しい夜は、逆に欲張らず、食材を絞り、
また火の通りやすいものを選んで
スープやみそ汁をパパッと作りましょう。

煮込み・スープ

休日は

おいしく作りおくコツ！

バターチキンカレーは**ヨーグルトを使うので**温め直してもお肉がかたくならずやわらか。ミネストローネやきのこのポタージュは、**1回で野菜がたっぷりとれる**のでまとめて作っておくと栄養バランスのよい献立に。

特別な材料がなくても味わいは本格的！

バターチキンカレー

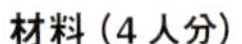

材料（4人分）

鶏もも肉 … 2枚
玉ねぎ … ½個
A
- プレーンヨーグルト … 1カップ
- にんにく（すりおろす）、
  しょうが（すりおろす）… 各 ½ かけ
- カレー粉 … 大さじ1
- 塩 … 小さじ ½

バター … 30g
トマト水煮缶（カットタイプ）… 1缶（400g）
B
- 塩 … 小さじ ¾
- 砂糖 … 小さじ1と ½
- しょうゆ … 小さじ1
- こしょう … 少々

生クリーム（乳脂肪分 45%・または牛乳）
… ¼ カップ

作り方

1 鶏肉は余分な脂肪を除いてひと口大に切り、ポリ袋にAとともに入れ、冷蔵庫で2時間以上おく。

2 玉ねぎは薄切りにする。

3 鍋にバターを弱めの中火で熱し、2を炒める。玉ねぎが透き通ってきたら、トマト水煮缶を加えてつぶし、ふたをして5～6分煮る。

4 3に1を漬け汁ごと加え、Bも加えてふたをして弱めの中火で10分煮る。生クリームを加えてひと煮立ちさせ、火を止める。

冷蔵 4～5日
冷凍 2週間

野菜をじっくり炒めて甘みを引き出して。

ミネストローネ

材料（4人分）

スライスベーコン … 3 枚
玉ねぎ … 1 個
にんじん … ½ 本
蒸し大豆 … ½ 袋（50g）
オリーブオイル … 大さじ 1
A | 水 … 2 と ½ カップ
　| 顆粒コンソメスープの素 … 小さじ 1
塩、粗びき黒こしょう … 各適量

作り方

1 ベーコンは 1cm四方に切り、玉ねぎ、にんじんは 1cm角に切る。

2 鍋にオリーブオイルを弱めの中火で熱し、1 をじっくり透き通るまで 2 ～ 3 分炒める。野菜がやわらかくなったら、A を加えて 5 分ほど煮る。大豆を加え、塩、粗びき黒こしょうで味をととのえる。

見た目は地味ですがうまみたっぷり！

きのこのポタージュ

材料（4人分）

まいたけ … 1 パック
しめじ … 1 袋
マッシュルーム … 10 個
玉ねぎ … ½ 個
バター … 10g
A | 水 … 1 と ½ カップ
　| 白ワイン … ¼ カップ
　| 顆粒コンソメスープの素 … 小さじ 1
牛乳 … 1 と ½ カップ
生クリーム（乳脂肪分 45%）… ¼ カップ
塩、こしょう … 各少々

作り方

1 しめじは石づきを除き、まいたけとともにほぐす。マッシュルームは石づきを除いて 4 等分に切る。玉ねぎは薄切りにする。

2 鍋にバターを熱し、玉ねぎを炒める。透き通ってきたら、1 の残りを加えて 2 ～ 3 分炒める。

3 2 に A を加えて 2 分煮て火を止め、ミキサーかフードプロセッサーにかけてなめらかにする。鍋に戻し入れ、牛乳、生クリームを加えてひと煮立ちさせ、塩、こしょうで味をととのえる。

煮込み・スープ

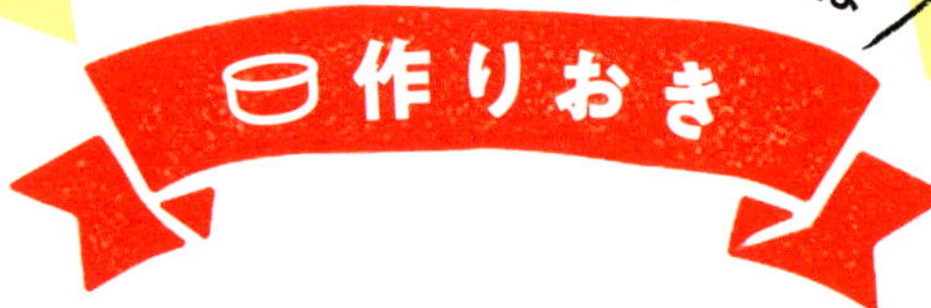

ポークシチューやビーフストロガノフは、**野菜をじっくり炒めて甘みとうまみを引き出しておく**と、時間がたってもおいしさそのままに。クラムチャウダーは冷凍もできるように**じゃがいもは使いません。**

豚肉はカレー・シチュー用を使ってもOK！

ポークシチュー

冷蔵 4~5 日
冷凍 2 週間

材料（4人分）

豚ローストンカツ用肉 … 4 枚
玉ねぎ … 1 個
にんじん … 1 本
にんにく … 1 かけ
さやいんげん … 5 ~ 6 本
塩、こしょう、薄力粉 … 各少々
オリーブオイル … 大さじ 2
酒、水カップ … 各 1 カップ
A
トマト水煮缶（カットタイプ）… 1 缶（400g）
塩 … 小さじ 1
はちみつ … 小さじ ¼
粉チーズ … 大さじ 2

作り方

1 豚肉は 2㎝角に切り、塩、こしょうをふって薄力粉をまぶす。玉ねぎ、にんじん、にんにくはみじん切りにする。さやいんげんは 3 等分に切る。

2 鍋に半量のオリーブオイルを中火で熱し、豚肉の表面に焼き色をつけ、一度取り出す。

3 2 の鍋に残りのオリーブオイルを弱めの中火で熱し、玉ねぎ、にんじん、にんにくを焦がさないように 3 ~ 4 分炒める。2 を戻し入れ、酒、水を加えて沸騰したらアクを除く。全体がとろっとしたら、A を加えて強火でひと煮立ちさせ、ふたをして弱火で 15 分煮る。さやいんげんを加えて 3 ~ 4 分煮て、塩、こしょう（各分量外）で味をととのえる。

市販のデミグラスソース缶で手軽に。

ビーフストロガノフ

材料（4人分）

牛切り落とし肉 … 400g
玉ねぎ … 1個
エリンギ … 2本
マッシュルーム … 4個
サラダ油 … 大さじ2
塩、こしょう … 各少々
赤ワイン … ½ カップ
薄力粉 … 大さじ1

A
デミグラスソース缶（市販）… 1缶（290g）
水 … ¼ カップ
トマトケチャップ … 大さじ3
プレーンヨーグルト … 大さじ2
ローリエ … 1枚

作り方

1 玉ねぎは薄切り、マッシュルームは石づきを除き、エリンギは縦半分に切り、どちらも薄切りにする。

2 鍋に半量のサラダ油を中火で熱し、牛肉を入れ、塩、こしょうをふって炒める。肉の色が変わったら、赤ワインを加えて水分をとばし、一度取り出す。

3 2の鍋に残りのサラダ油を熱し、1を2分炒める。玉ねぎがしんなりしてきたら、薄力粉をふり入れ、粉っぽさがなくなるまで炒める。2を戻し入れ、Aを加えて7～8分煮て、塩、こしょう（各分量外）で味をととのえる。

休日は 作りおき

冷蔵 4～5日
冷凍 2週間

あさりはむき身を使ってもおいしくできます。

クラムチャウダー

材料（4人分）

あさり（殻つき・砂出し済み）… 500g
玉ねぎ … 1個
にんじん … 1本
ウインナー … 4本
白ワイン … ½ カップ
バター … 10g

A
牛乳 … 1と½ カップ
生クリーム … ¼ カップ

塩、こしょう … 各少々

作り方

1 あさりは殻ごとよく洗う。鍋に白ワインとともに入れ、ふたをして中火にかける。あさりの殻が開いたら、火を止めて殻から身を取り出してスープと分け、スープに水（分量外）を加えて1カップにする。

2 玉ねぎ、にんじんは1.5cm角、ウインナーは1cm幅に切る。

3 1の鍋にバターを中火で熱し、2を炒める。全体に油が回ったら、あさりの身とスープを加えてふたをして弱めの中火で7～8分煮る。Aを加えて3～4分煮て、塩、こしょうで味をととのえる。

冷蔵 3～4日
冷凍 2週間

スープ・みそ汁

平日は

帰ってから作る

6分でできる

わかめを軽く炒めてから煮るのがコツ。

炒めわかめの中華スープ

材料（2人分）

カットわかめ（乾燥）… 2g
卵 … 1個
ごま油 … 小さじ1
A｜水 … 2カップ
　｜鶏ガラスープの素、しょうゆ … 各小さじ1
　｜塩、こしょう … 各適量

作り方

1 わかめは水につけてもどし、水けをよくきり、食べやすい大きさに切る。卵は溶きほぐす。

2 鍋にごま油を熱し、わかめを炒める。香りが出てきたら、Aを加え、ひと煮立ちしたら、溶き卵を回し入れ、塩、こしょうで味をととのえる。

やさしい味が体にしみわたります。

豆乳と豆腐のスープ

4分でできる

材料（2人分）

絹ごし豆腐 … ½丁（150g）
A｜無調整豆乳 … 2カップ
　｜しょうが（すりおろし）… ½かけ
　｜鶏ガラスープの素 … 小さじ1
塩、こしょう、しょうゆ、小ねぎ（小口切り）… 各少々

作り方

1 豆腐はひと口大にくずす。

2 鍋にAを入れて火にかけ、煮立ったら1を加えて温める。塩、こしょう、しょうゆで味をととのえる。器に注ぎ、小ねぎを散らす。

5分でできる

焼きはんぺんで風味がアップ！

はんぺんとねぎの和風スープ

材料（2人分）

はんぺん … 小½枚
長ねぎ（小口切り）… 3cm
A｜だし汁 … 2カップ
　｜酒 … 大さじ1
　｜しょうゆ … 小さじ1
　｜みりん … 小さじ½
　｜塩 … 小さじ¼

作り方

1 はんぺんは8等分に切り、フライパンで軽く焼き色がつくまで焼く。

2 鍋にAを入れて火にかけ、煮立ったら1、長ねぎを加えてひと煮立ちさせる。

☑ 手早く作れるコツ！

スープやみそ汁を作るなら、卵、豆腐、はんぺん、長いもなどそのまま食べられたり、**火の通りやすい食材を選ぶ**のがポイント。また少ない材料でも満足感のある組み合わせを心がけましょう。

パンチがあってボリューム満点！

キムチと温泉卵のみそ汁

材料（2人分）

白菜キムチ…100g
温泉卵…2個
ごま油…小さじ2
だし汁…1と½カップ
みそ…大さじ1

作り方

1 鍋にごま油を熱し、キムチを炒める。香りが出たら、だし汁を加え、みそを溶き入れて煮立つ直前で火を止める。

2 器に1を注ぎ、温泉卵をのせる。

発酵食品の力でうまみ倍増！

納豆と粉チーズのみそ汁

材料（2人分）

納豆…1パック
粉チーズ…大さじ1
だし汁…1と½カップ
みそ…大さじ1と½

作り方

1 鍋にだし汁を煮立て、みそを溶き入れる。納豆を加え、煮立つ直前で火を止める。器に盛り、粉チーズをふる。

とろっとしたやさしい口当たりです。

長いものごまみそ汁

材料（2人分）

長いも…4cm
だし汁…1と½カップ
みそ…大さじ1と½
すりごま（白）…大さじ½
小ねぎ（小口切り）…少々

作り方

1 長いもは皮をむき、半月切りにして酢水（分量外）にさらす。

2 鍋にだし汁と1を入れて火にかけ、煮立ったらアクを除く。みそを溶き入れて煮立つ直前で火を止める。ごまを混ぜて器に注ぎ、小ねぎを散らす。

お手軽 スイーツレシピ！

休日は 作りおき

まるでじっくり煮込んだような味わい。

りんごのレンジコンポート

材料（4人分）

りんご…2個

A
- 砂糖…大さじ3
- 赤ワイン…大さじ2
- レモン汁…大さじ1
- はちみつ…大さじ2/3

アレンジ 市販のアイスクリームを添えて食べても。

作り方

1. りんごは1個を8等分のくし形切りにし、皮と芯を除く。耐熱ボウルに入れ、混ぜ合わせたAをまわしかけ、途中上下を返しながら10分おく。
2. 1にふんわりとラップをかけ、電子レンジで5分加熱する。上下を返して4分加熱し、そのまま2分蒸らす。冷めたら冷蔵庫で3時間以上冷やす。

なめらかな口当たりでリピ必至！

あずきのパンナコッタ

材料（800mℓの容器1台分）

ゆであずき缶…1缶（190g）
生クリーム…200mℓ
牛乳…300mℓ
粉ゼラチン…10g
砂糖…大さじ3

作り方

1. 鍋に生クリーム、牛乳、砂糖を入れて中火にかける。砂糖が完全に溶けたら、沸騰する直前に火からおろし、粉ゼラチンを加えて混ぜながら完全に溶かす。
2. 氷水を張ったボウルを用意し、1の鍋の底をあてながらとろみをつくまで混ぜる。あずきを加えて混ぜ、容器に流し入れる。冷蔵庫で3時間以上冷やしかためる。

ミキサーいらず！混ぜて冷やすだけ。

アボカドアイス

材料（500mℓの容器1台分）

アボカド…1個
クリームチーズ（個包装タイプ）…2個
レモン汁…大さじ1

A
- 生クリーム…100mℓ
- プレーンヨーグルト…大さじ3
- 砂糖…大さじ2
- はちみつ…大さじ1

作り方

1. クリームチーズは室温にもどす。
2. アボカドは縦半分に切り込みを入れて割り、種と皮を除く。ボウルに入れてフォークで細かくつぶし、レモン汁を混ぜる。
3. 2に1をちぎって加え、泡立て器ですり混ぜる。Aも加え、もったりとなめらかになるまでよく混ぜる。容器に流し入れ、冷凍庫で4時間以上冷やしかためる（途中2～3回スプーンでかき混ぜる）。

作りおきたい人もすぐ食べたい人にもおすすめの、少ない材料で気軽に作れるスイーツレシピです。甘いものが恋しいときにぜひ作ってみてください。

＼平日は／

帰ってから作る

5分でできる

とろけるバナナが絶品！

バナナのバターソテー アイスクリームのせ

材料（2人分）

バナナ…2本
バター…10g
砂糖…大さじ2
バニラアイスクリーム…1個

作り方

1 バナナは長さを半分に切ってから縦半分に切る。

2 フライパンにバターを熱し、1を並べ入れ、少し焼き色がついてきたら、砂糖を加えて全体にからめる。

3 器に2を盛り、バニラアイスクリームをのせ、お好みでミントを添える。

余った食パンをおやつに！

食パンラスク

材料（作りやすい分量）

食パン（8枚切り）…2枚
バター…20g
板チョコレート…25g
砂糖…小さじ1

作り方

1 食パンは1枚を4等分に切り、キッチンペーパーを敷いた耐熱皿に並べ、ラップをかけずに電子レンジで2分加熱する。

2 チョコレートは粗く刻み、バターとともに耐熱ボウルに入れ、ラップをかけずに電子レンジで30秒加熱し、砂糖を加えてよく混ぜる。

3 2に1を加えてからめ、皿などに広げて乾かす。

5分でできる

3分でできる

スプーンでくずしながら食べて！

カマンベールチーズのメープルシロップナッツがけ

材料（2人分）

カマンベールチーズ（ホール）…1個
ミックスナッツ（素焼き）…大さじ2
メープルシロップ…適量

作り方

1 ミックスナッツは粗く刻む。

2 カマンベールチーズは十文字に切り込みを入れ、耐熱皿に移す。ラップをかけずに電子レンジで40秒加熱し、1をのせてメープルシロップをかける。

素材別さくいん

〈肉〉

合いびき肉

牛肉

鶏肉

鶏ひき肉

豚肉

豚ひき肉

〈肉加工品〉

ウインナー

コンビーフ缶

生ハム

ハム

ベーコン

〈魚介〉

あさり

いか

かき

かじき

かつお

サーモン

さば

たい

たこ

たら

生鮭

ぶり

ほたて

〈魚介加工品〉

〈海藻〉

〈野菜・野菜加工品・漬物・ハーブ・〉

〈乳製品〉

〈ナッツ類〉

〈炭水化物〉

〈その他〉

Profile

著者
倉橋利江
くらはし　としえ

Toshie Kurahashi

編集者・料理愛好家
料理上手な母の影響で、小学生の頃から台所に立って料理を覚える。料理編集者として出版社に勤務し、編集長として料理ムックの発行を多数手掛け、さらに大手出版社で料理雑誌の編集に携わったのちフリー編集者に。独立後、これまでに60冊以上の料理書籍を担当し、数々のヒット商品を送り出す。20年近くの編集経験から、料理家と読者の間をつなぐ存在でありたいと思い、仕事で学んだプロのコツと独自のアイデアを組み合わせた「手に入りやすい食材で、作りやすく、また食べたくなるレシピ」を考案している。著書には『ラクしておいしい！ かんたん冷凍作りおき』（新星出版社）がある。

Staff

アートディレクション・デザイン	小椋由佳
撮影	松久幸太郎
スタイリング	宮澤由香
調理アシスタント	伊藤美枝子　松永友里
イラスト	えのきのこ
校正	高柳涼子
構成・文・編集	倉橋利江

本書の内容に関するお問い合わせは、**書名、発行年月日、該当ページを明記**の上、書面、FAX、お問い合わせフォームにて、当社編集部宛にお送りください。**電話によるお問い合わせはお受けしておりません。**
また、本書の範囲を超えるご質問等にもお答えできませんので、あらかじめご了承ください。
FAX：03－3831－0902
お問い合わせフォーム：http://www.shin-sei.co.jp/np/contact-form3.html

作りおき＆帰って10分おかず336

2018年 6 月 5 日　初版発行
2020年 12月 15日　第19刷発行

著　者　倉　橋　利　江
発行者　富　永　靖　弘
印刷所　株式会社新藤慶昌堂

発行所　東京都台東区 台東２丁目24　株式会社　新星出版社
〒110-0016　☎03(3831)0743

ISBN978-4-405-09357-7